生活·讀書·新知 三联书店

澄海 著

禅心直指

悠游《坛经》大智慧海

图书在版编目（CIP）数据

禅心直指：悠游《坛经》大智慧海／澄海著．—北京：
生活·读书·新知三联书店，2017.4
（生活禅）
ISBN 978-7-108-05750-1

Ⅰ．①禅… Ⅱ．①澄… Ⅲ．①禅宗-佛经-中国-唐代
②《六祖坛经》-注释 Ⅳ．① B946.5

中国版本图书馆 CIP 数据核字（2016）第 156754 号

责任编辑　唐明星
装帧设计　康　健
责任校对　张　睿
责任印制　徐　方
出版发行　**生活·讀書·新知** 三联书店
　　　　　（北京市东城区美术馆东街 22 号　100010）
网　　址　www.sdxjpc.com
经　　销　新华书店
印　　刷　北京隆昌伟业印刷有限公司
版　　次　2017 年 4 月北京第 1 版
　　　　　2017 年 4 月北京第 1 次印刷
开　　本　880 毫米 × 1230 毫米　1/32　印张 6.5
字　　数　117 千字
印　　数　0,001-8,000 册
定　　价　32.00 元

（印装查询：01064002715；邮购查询：01084010542）

弁　言

　　禅为法界之大光明藏，也是人人脚跟下一段大事因缘，且为真参禅人的本分行履。

　　自释尊于菩提树下悟道，此一光明即揭天揭地显现。灵山拈花，迦叶微笑，迄于达摩东来，六代传衣，虽云默传分付，间或命如悬丝，实则光明辉耀，耿耿长夜。

　　曹溪六祖惠能大师，以獦獠身悟最上乘，樵猎山野，继祖传灯，开正法坛，做狮子吼。总嵩洛黄梅一脉，汇流曹溪，演楞伽般若之法，指归佛性，语默尽澍滂沱法雨，动静不离那伽大定。座下得道者如林，嗣法四十三位，五宗七家，皆启于斯，诚法印之总持，佛法之渊镜也。

　　六祖平生说法辑为《坛经》一卷，为宗乘根本，皆成佛法要，后人宗依而行，终得见性月，实慧命之津梁，法海之宝筏也。故语云："欲识本来真面目，挑灯终夜读坛经。"禅于唐代臻于极盛，足征六祖与《坛经》之赫赫威光也。

　　宋明以降，禅流多弊，忽略《坛经》及所揭示之禅风，专以公案互为纠葛，在拍案惊奇中丧失了参禅的大勇猛精神，禅宗堕矣！

参禅取证衰败之后，大慧倡导参话头，束众多意识为独头意识，触机遇缘，打破独头意识还得本来面目，参禅态势稍弱，但不失参禅精神。而默照禅是参禅方法之反动，已属小乘作略，后来附正觉为师，误正觉开创默照禅，张冠李戴，变成临济、曹洞门户之争，黑白不分。但是翻开元代的、明代的禅德灯录，绝大多数出于参话头而开悟。参话头为参禅正途，岂容置疑？恢宏曹溪，责无旁贷。

澄海先生，台湾省台南人，台湾大学法律系毕业，常年于企业工作。因偶然机会，相继有多人对先生言："生从哪里来，死往哪里去？连这都不明白，不过是行尸走肉而已。"先生乃悚然生大疑问，块然成大苦痛，释不能释，解不能解，五年中结一大疑团。因缘时至，疑团忽地粉碎，疑问冰消瓦解，乃感大异："莫不是自己已成老年痴呆矣？"俄于一寺阅耕云先生《安祥*之美》，印证心印，即时顿入唯心净土，如《坛经》所言，"西方净土，不离眼前"，始知禅宗之微妙。

---

* 安祥禅，当代禅法，20世纪80年代由中国台湾耕云先生提出，90年代开始在中国大陆传播。以"安祥"表述禅的受用，取"心安则祥"之义，代指三昧（又名三摩地，意为"定慧等持"），故名。提倡在世间修行，强调正受、正见为禅的两个翅膀，学修以《金刚经》《六祖坛经》为依据，以观心、觉照为主要方法，在海峡两岸有一定影响。本书中"安祥"均为"安祥禅"之"安祥"，含义特定。

先生已躬发明后，乃秉诸祖相承大愿，一片婆心，不辞口苦，将《坛经》高妙之旨徐徐揭出，融通透彻，如大圆镜，痛除时弊，以金刚铊。悲智威光，不让古德，杀活之力，垂教来学。二十七篇宏文，各具精彩，其举扬宗乘、扶光明幢之伟业，固非浅学能测，而其拔除见翳、破魔邪氛之赫焰，亦非凡庸所识。慧日一轮生海上，光珠璀璨许自识。先生直指禅心之无上功德，则祈诸读者仔细垂察，诚与《六祖坛经》同一鼻孔出气，且见惠能大师横颔首于大寂定门也。

　　末学有缘，得遇先生，复屡承钳锤。先生大著承三联付梓之际，以序敕命，又奚敢辞？眇目话日，仿佛依稀；净地置秽，罪岂容恕？而此一段光明，正当烁破太虚空也！

　　因缘如是，谨弁数言于简端。

后学清凉拜识丙申初春

自　序

　　大乘佛法传到中国以后，受到士大夫的热爱，同时由于深厚的文化为养分，前后开绽了三论宗、天台宗、华严宗、禅宗与唐密，成果灿烂。

　　可惜，这些辉煌的精神粮液，现在渐渐地流失了，甚至渗入了不良的灰渣，流动乏力，萎靡不振。

　　涂上迷信色彩与建立威权的色彩，是这些精神的法没有办法继续茁壮的原因。

　　例如禅宗，到底什么是禅？禅涉及的本来面目是什么？禅宗的禅与一般讲的禅定、禅观、禅修有什么不同？禅宗所谓的见性或开悟是什么？直指人心是什么教法？教外别传传的是什么？……大家都迷糊了，搞不清了。

　　经常看到的是随口的自在无碍，却大搞权威地位；学学俗剧中的济公浅酌诙谐，或是秉着寒山、拾得的放浪自由，以虚乱实。

　　我们将研究的心得，真诚地提供出来接受批评检验。希望借此抛砖引玉，激发大德提出高妙的见解，期待大乘佛法能够重新发放光芒，为人类苦闷的精神提出解方。

澄海 2015 年春

目　录

2

六祖的佛教革命

达摩禅是楞伽系的，而六祖禅是般若系的。这种转变非常的明显。在《坛经》记载的传法偈，神秀与惠能两人的思想分歧突出。

神秀偈："身是菩提树，心如明镜台；时时勤拂拭，勿使惹尘埃。"说的是楞伽禅风，与六祖的偈语不同。

今人江灿腾先生看了胡适、汤用彤及陈寅恪的研究资料，提出个人看法：

> 事实上，对后来研究有重大意义的，是后二偈，亦即从敦煌本的"佛性常清净，何处有尘埃？"，转变为"本来无一物，何处惹尘埃？"。这是所谓从《楞伽经》的如来藏思想到《金刚经》空性思想的重大转变，也是胡适和其他后来禅宗学者所要探明的重点。(《现代中国佛教史新论·胡适研究在中国学界的冲击与争论》，183 页)

这是跳跃式的转变，因此，必须借重"西天二十八祖"

的传承来减少冲击。西天二十八祖的谱系不可考，也无从考证。但是南宗的兴起，的的确确是一件重大的思想大事，在佛教界、禅学与中国思想史影响至深，不可忽视。

惠能为什么南下曹溪，而且隐于四会十五年后才开法于广州法性寺？五祖弘忍付法予惠能，郑重叮咛他："衣为争端，止汝勿传，若传此衣，命如悬丝。汝须速去，恐人害汝。"这是隐语，衣钵不重要，重要的是前面的一句话："法则以心传心，皆令自悟自解；自古佛佛唯传本体，师师密付本心。"这是金刚心的密付，与楞伽传禅大大的不同。

胡适看到神会为南宗争法统，有一段话：

在禅宗的历史上，神会和尚（荷泽大师）是一个极重要的人物。六祖（惠能）死后，神会出来明目张胆地和旧派挑战，一面攻击旧派，一面建立他的新宗教——南宗。那时旧派的势焰熏天，仇恨神会，把他谪贬三次。御史卢奕说他"聚徒、疑萌不利"，初贬到弋阳，移到武当，又移到荆州。然而他奋斗的结果居然得到最后的胜利。他死后近四十年，政府居然承认他为"正宗"，下敕立神会为禅门第七祖。（《神会语录》）

南北宗所争的不是衣钵，是法流，是法脉。北方笼罩在楞伽禅的旧势力中，他们立神秀为六祖，否定惠能的地位。

所以说"衣为争端"是隐语，法的精神向前迈进了，革新了，才是南北宗争执的重点。

胡适又在《荷泽大师神会传》提到：

> 南宗的急先锋，北宗的毁灭者，新禅学的建立者，《坛经》的作者——这是我们的神会，在中国佛教史上，没有第二个人有这样伟大的功勋，永久的影响。

后来的学者证明了胡适太偏爱神会了，《坛经》是六祖的禅学心要，无可否定。六祖是这场佛教革新的大纛。谢扶雅在《光孝寿与六祖惠能》中，将惠能革命性思想媲美文艺复兴初期的布鲁诺（G. Bruno, 1548—1600）：

> 两个人（惠能与布鲁诺）都是生在南方，都是感性的，直觉的，抱着美的世界观，而对传统的正宗派不惮为热烈的反抗，树起堂堂正正的革命之旗与世周旋，而卒终身不得意或被惨杀。这个比较，表示惠能在宗教方面已为中国开了"文艺复兴"期的曙光。

钱穆于《佛教之中国化》一文中说：

> 中国学术思想界，往往可从南北分区；唐初中国佛

学天台、华严、禅宗三派亦如此。天台、禅宗皆盛于南，华严则与唯识盛于北。南尚清通，北尚繁密。南北朝经学如是，唐初佛学亦然。

这些是从人文的观点分析宗教的思想家，他们把禅宗当作思想的发展，离开了宗教的立场。尤其钱穆是一位儒学大师，他推崇朱子不遗余力，也有他独特的看法：

> 盖"理入"即"顿悟"，"行入"即"渐修"。自谢灵运当竺道生时指点出所谓"教""理"之辨，直到惠能创此南宗顿教之禅宗，始达到"理胜教"之地位。"理胜教"即"理入"，"教胜理"即"行入"也。此种争论，到宋儒有"性即理"与"心即理"之争。大抵主性即理，则谓有此理未必即有此行。主心即理，则即行是理，即心是性。故主性即理者必主"行入"，主心即理者必主"理入"也。故云竺道生是佛门中孟子，惠能是佛门中象山、阳明。

钱穆以儒家的思想研究禅宗，难免会受背景知识的影响；不但一般思想界，甚至佛教教内长老都会很轻易地认定：渐修顿悟。因为这是一般的原则，理则顿悟，行当渐修；就研究方向讲：积学成智，系统知识必须建立理论系统，支架实证，后人当然必须"渐学"而"顿悟"。这和禅宗不同。

《楞严经》："理则顿悟，乘悟并销；事须渐除，因次第尽"，理指经教，研教而发明心地，当然只有"顿悟"，否则就不是悟，只是省解。因为理极必反，理的尽处无理可说，这是宗教的极则，不是一般学术研究，可以提出正反合的主张，一直演化下去。

顿悟之后，无理可说，完全呈露了一种特别的心灵状态，禅宗称为"见性"。一切理、一切事走到极处，没有什么道理、理论，才是"乘悟并销"，再也没有什么道理供养了。只有一心圆明的心灵状态才是"宗"，即心宗的由来，这就是"从教入宗"。

见性后有了一个明晰的目标可以追求，当然就要排除干扰这种心灵出现的因素，才是"事须渐除"。

借经教的研习而顿悟，这是显密各宗的通路，简称"藉教悟宗"，顿悟的心灵状态是见性，各种法门的旨归在此。竺道生走的是这条路。

禅宗别开蹊径，不借经教而直指人心，见性成佛。直捣黄龙缘因于人皆有佛性，理论上人人都是佛，理论上人人都是尧舜，禅宗的作略就是直接而明快，至于弟子能不能顿悟，牵涉到根器。

例如大梅谒马祖道一求法，道一斩钉截铁地说："即心是佛。"大梅就开悟，跑到四明隐居起来，做起"因次第尽"的功夫，"因"就是干扰心灵通明的各种因素，在佛教教理中，这些包括这世和过去世的种种业种、习性。

隔了几年，道一派个弟子向大梅说："近来师父的教法不同了，应该是非心非佛。"大梅笑说："你回去告诉师父，我知道道理只是绕圈子的玩意儿，我这里无理可说，师父喜欢讲非心非佛，就让他讲；怕的是讲得多了，大家既不能是心是佛，也不能非心非佛啊！"

道一获得回音，知道大梅真的"顿悟"了，赞叹他："梅子成熟了。"

这是禅宗的一路子。

如果说"心即理"，也要理极必显，提到心的源头，心才宁贴，才能就心返乡。"天下本无事，庸人自扰之"（象山语），阳明参过禅，提过禅的鼻孔，所以才说，理的极点只显心行。一切的理论再美、再圆满都是呓语，况且理论一竖，反面思想就对立起来了，理论永远无尽时啊！就像前浪逐后浪，滚滚而来。

禅宗的出现是别开蹊径，所谓"不立文字，教外别传"，为了避免研读经教的人泥迹失神，甚至沉溺在义海中不知方向。我们可以看到许许多多善于讲经说法的高僧，滔滔不绝的美丽讲词，让人称赞，但是他们的讲演都只是教义的敷演，不出意识的堆砌，近代认知心理学可以比他们讲得更清楚，更有条理。毕竟不是佛教的"内学"，也不是心宗的主题。

禅宗是心地法门的根本关键，赤裸裸地呈现了生命的本质，是生命学的直截领航，这是"见性成佛"的本旨。禅宗在"直指"中顿悟，不在理则中顿悟。

顿悟是佛教的通途：教界重视"理入"，禅宗只有"直指"的"事入"一途。

舍去"直指"，任何的止观、禅坐、打禅七、禅观，都不是禅宗的精神，都是初期佛教从其他宗教学习来的，唯有禅宗是世尊的心法，不可混淆。

既然是世尊的心法，六祖的金刚印心或达摩的楞伽印心，都是世尊心法。所以不同，是对应于时空中的不同根器，正如各宗各门的兴起，都有不同时空中众生的逗机方法，譬如食蜜，中边皆甜！

但读禅宗，绝对不可以偏离禅宗的精神！

以学术思想研究禅宗是人文思想史！

将六祖视为佛教的革命者也大可不必，没有达摩何来禅宗？达摩才是佛教的革新者！

有了这种认识，钱穆下面的断语才有着落：

　　天台、华严虽同以龙树为宗，但他们实际并不近三论，只取三论之终极义，不学三论般演算草。他们虽亦都归宿到心性实际，华严虽更与法相为近，但他们都不能效习法相，做深密的分析。因此天台、华严，虽在有几方面还脱不掉印度佛教分析、演绎之繁琐外形，但此只是一格套，早已貌似神非。到禅宗则直凑单微，索性将此格套痛苦摆脱。不能说他们之宗所讲不是佛理，只是中国人讲佛理，自然不像印度人般讲。[《佛教之中国化》，《中国学术思想史论丛》（三）]

钱穆的见解比时下的高僧大德还高明，可惜，他和一般长老同样犯了证悟不深的毛病：禅宗的直指是教外别传的直截处，非有开悟的经验是施展不开的。因此，见性是禅宗的最重要作略，或称为禅风。佛教重视心性是必然的，和一般正统宗教没有两样，但佛教的心性是生命本具的基因，不是人文的思想而已，则不能不审视之。

法鼓山圣严法师把禅宗当作华严、天台的综合也是错的，他只从思想演变看到线的牵连，他没看到禅宗的独立地位。这时候，佛教有独立发展的必要，这是使他对禅宗曲解、轻率认定的原因：

> 由于天台宗的禅观和教义，加上华严宗的教义和禅观，才成熟了禅宗。也就是说，禅宗跟华严宗及天台宗有关，把两个宗派的精华全部吸收就成为禅宗的内容。（法鼓：《心的对话》，56 页）

毫无根据的推论，出现在自称为禅门高僧的口中令人讶异；

他又说不出什么是华严、天台的精华，只笼统地做无头无尾的结论，和一般禅德与思想家的见解大异其趣。况且华严学是在禅宗之后兴起的，初祖至六祖也从未提及华严，硬把华严套上禅宗，时序上是不可能的论据，站不住脚。

禅宗应该还原禅宗的独特地位，尊重及回归禅风所具有的"不立文字，教外别传"特色，才能继续发扬。

他又说："但是禅宗呢？只叫你当下不要思索，妄心生起的当下，找找看它是什么？找不到时，自然就会了解空性。"这是什么华严、天台精华呢？这是虚空论玄学，不是佛教。而且所谓当下不要思索，请问那个不要思索的又是什么？是什么知道妄心的呢？这都是意识心的自我调侃，自我捉迷藏，如何称得上禅宗呢？他又说：

> 很多人好谈开悟，以为像古代禅师，拿个棒子在你头上一打，就能达到当头棒喝的悟境。但是很多人弄不清楚什么是当头棒喝，认为骂一句或打一下，让妄念、烦恼暂时不起就叫作开悟。其实这只是在有分别、烦恼时，在攀缘、执着非常重的时候，禅宗会用这个方法，突然之间打一下子、骂一下子，这是有用的，但不是开悟。（《心的对话》，63页）

他讲一大堆道理，故意运用"有用的"代替"开悟"，却完全不了解棒喝之下无生法忍的机缘，为学的谨严度显然不足；亦可看出他没有破参的实际经验。

钱穆先生是儒者，他在《中国学术思想史论丛》（四）中的《神会与坛经》章节里说：

> 六祖虽为佛学中革命人物，其思想理论亦有依据，并非特然而起。当其时，天台一宗之禅法既极盛行，六祖以前之禅宗诸祖师，宜有染涉，六祖必有闻到此等理论。唯天台诸大德到底不脱学究气，不脱文字障，六祖因文字缠缚少，不走向学究路，故能摆脱清净，直吐胸臆，明白简捷，遂若与天台截然不同。

钱穆先生研究思想史，所以只论天台宗与禅宗，这两宗关系非常密切，甚至有兼祧的祖师出现，但他知道天台"不脱学究气，不脱文字障"，这是因为他读《指月录》时有会归一心的体验。可惜他不知此不同，从教入宗与从宗入教是佛教的二大途径，虽言殊途同归，起点毕竟毫不相涉。

试举一例：德山宣鉴原来治《金刚经》，遂著疏立论《青龙疏钞》，以发扬《金刚经》，人称周金刚。但他不服崇信禅师标举"不立文字，教外别传"，前往辩驳。到澧阳上龙潭寺前向一婆子买点心，婆子戏以："和尚既讲《金刚经》，请问：'过去心不可得，现在心不可得，未来心不可得，'您现在所点的是何心？"德山竟然答不出口。

上龙潭寺服侍崇信禅师多年，一夕晚参毕，德山不敢离身，崇信乃点一个手制捻子让他照路回寮，德山一接手，崇信即刻又吹熄，德山在顷刻品尝真正的"过去心不可得，现在心不可得，未来心不可得"的滋味，拜服在地，深为折服，并且说："从今以后，再不敢忽视老和尚常用的那句口头禅了！"

德山开始欲"从教入宗"，终于困在义理；得崇信点纸烛子与吹纸烛子而开悟，这是禅门心法。聪明的思想家怎么也猜不透这层"密付"；一般没有见性的长老，怎么也想不透这个"手眼"。德山在崇信的"直指"中见性，何必棒喝？而棒喝岂非禅宗手眼？

六祖惠能禅概说

六祖惠能的确是我国有史以来最伟大的僧侣，他开创的中华禅不但震古烁今，而且引领我们对深沉生命做一番追迹与证验；因为它是超时空的经验，非我们以世俗的学问所可理解，历来都很难接续，更何况发扬光大！

很多佛教研究者都明白玄奘是一位非常了不起的僧侣。他开创的法相宗，将唯识学做了一番深层的研究；并因他的弟子窥基大师的继续研究，唯识学有了辉煌的成就；又因为他是将印度佛教原有经典大量引入中国并加以翻译的第一人，他一直受到人们普遍的尊敬。现在印度的那兰陀佛教大学、华人世界集资成立的玄奘大学，彰扬玄奘大师的伟大成就，并供世人研究唯识学。

唯识学是深层的生命学，着重第五、六、七、八识的研究，与意识关联相当紧密；现代量子力学又多注意到意识不灭的现象，颇能引起科学家的注意。相反的，认知心理学在大脑的细部研究上有很大的发现，但愈相信脑部的进化论，反而不重视意识问题，也与生命本身脱钩，可以说是脑至上学，偏重第六、七识而已。

对玄奘受到学术界的推崇与重视，我们也感到一份浓厚的光荣，因为唯识学在 21 世纪里应该有突破成果的机会，玄奘过去的研究成果，会渐渐地找到科学的支持。

然而反观其他伟大的僧侣，例如：鸠摩罗什、法藏、智者等大师的研究落于空白；现代台湾佛学虽然号称兴盛，对佛教的实质证验、对各个大师的研究，却都泛泛，没有什么突出成果。他们注意的都是莫名其妙的神秘学，甚至奢谈为众生禳灾祈福，举办法会，念念唱唱，宣称可以荐拔祖先，在科学知识透明的时代反其道而行，又落入违反理性的神秘世界，实在是一件非常令人忧心的事。

再说，中华禅自六祖以来，由实验而实证，的的确确成就了一大批禅宗祖德，由他们的语录及灯录可以查证。现在禅宗反而渐渐走入衰败的命运，缺少出尘的心智是最大的因素。

为什么？因为禅有积极、主动的属性，它是超越宗教又反对迷信的，必须仰仗相当大的心力与理智去研究，排除各种观念的障碍；也需要几位有经验力行的禅德的护持；而绝大部分还是得依靠自力的悟缘，那是一个非常寂寞而萧索的过程，很少人愿意投注在这条枯燥的研究道路上。

"言语道断，心行处灭"，禅无法建立一套完整的学术，意志薄弱的人很容易杂学杂知，落入公案的纠缠；甚至夸大于禅净双修、禅净密共修而浪费时间；况且禅师难寻，目前的实际情况是，从虚云和尚去世之后，所谓的禅师绝大部分是虚有其名的伪禅者，自非龙象当然训练不出龙象。他们连什么是禅都不清楚了，更别说什么是保任，什么是"此物""这个"。

坊间有很多的《坛经》批注，都是避重就轻的依文解义。六祖说过，没有见性明心的人要讲般若经典，就是"离体说法，名为相说"。"相说"就是"像说"，"像法"就是"相似法"。没有体验的般若现量，一律以自己意识流注的知识、智慧讲解《坛经》，说的其实是他自己的《坛经》、讲的是他自以为是的佛法，都是"相说"——"相似佛法""相似禅"。

对六祖的思想做一个系统的整理，本来就是先师对弟子的期许。他老人家一再的提醒弟子：要把《坛经》的每一个字、每一个句子好好地咀嚼、仔细研究。个人受法之余，力图以安祥心态细读《坛经》，觉得有抛砖引玉的必要，在不自觉丑陋中效野人献曝，就教四方大德。

六祖的生命学，见于下述：

一、《坛经》开宗明义："菩提自性，本来清净；但用此心，直了成佛。"（《行由品》）

二、惠能对惠明说："不思善、不思恶，正与么时，哪个是明上座本来面目？"（《行由品》）

三、《无相颂》："佛法在世间，不离世间觉，离世觅菩提，恰如求兔角。"

四、《机缘品》中，师问怀让："什么物，恁么来？"让曰："说似一物即不中。"师曰："还可修证否？"曰："修证即不无，污染即不得。"师曰："即此不污染，诸佛之所护念，汝既如是，吾亦如是。"

五、"吾有一物，无头无尾，无名无字，无背无面。"（《顿渐品》）

研究佛经的人常常堕在名相上寻思；佛者，觉也。但大家想到佛就想到无所不知、无所不能的神圣境地，和我们凡尘了不相涉，把"佛者，觉也"忘了。

觉是什么？用现代的语言讲就是探究，探究生命的本来面目、真实面貌。本来的才是真实的，真实的一定可以验证，而且是永恒的、普遍的，不是短暂的或特殊的。

探究生命的本来面目是理性的抬头，同时也是生命的觉醒，不然就是茫然或迷信。探究要在人有生命的时候去做，失去生命就没有理性、没有觉醒的动机，所以说是"修证即不无，污染即不得"，原来无头目背面、无名无字，运用文字推理所得的是概念、相似值，非真实的。这是禅宗的特色，利用生命的觉性达到生命的觉醒，步上圆满的生命之旅。

本来面目的生命是什么？

对于生命的原本状态，惠能有几个说明：

一、"何期自性，本来清净！何期自性，本不生灭！何

期自性，本自具足！何期自性，本无动摇！何期自性，能生万法！"（《行由品》）

二、"前念不生即心，后念不灭即佛；成一切相即心，离一切相即佛。"（《机缘品》）

三、"刹那无有生相，刹那无有灭相，更无生灭可灭，是则寂灭现前。当现前时，亦无现前之量，乃谓常乐！"（《机缘品》）

这三段话在禅宗非常重要，禅只是生命的还原，也是生命的觉醒，还原才是觉醒。生命本质是何等辉煌、何等灿烂与饱满具足。对生命的赞美是禅与其他宗教最大的不同，各种宗教总会突出神权或最高主宰，作为教义的衍化，他们赞美的是神。禅宗要我们去发掘所有的生命都是饱满具足的，是一如的。

禅宗直截了当地赞美万事万物的生存变化；只是一个机、一个缘，缘会则生、缘散则灭，整个过程就是美的展现，也是无瑕真实的运动。诸行无常才是常，生命从零来，也回向零，化而常化，是行必然无常。

第二和第三可以合并研究。我们一直强调禅必须参，必须通过理智的探究，理极必反而死心塌地。如何参？"刹那无有生相，刹那无有灭相"，就是打破相对时空概念的执着，去捕捉那种律动。在时间的流动相看有生有灭，那是因为我们习惯于流注相的活动；若将刹那做切割再切割，那么最后得到的刹那是什么？这是楞伽禅的自觉观察，亦即"在圣不增，在凡不减"的，"悟亦不得，迷亦不失"，人人具足，只是不觉。

如果把握这个相，而且去掉了这个相，"前念不生即心，后（正）念不灭即佛"，岂有前念后念？那是按头入水！

《楞伽》着重在相；《华严》一步步步入"一真法界"；《坛经》的思想比较注重念念的研究，将时空的感觉紧系着"念"的出入，非常符合量子力学。

原生生命的活动现象如何？

我们现在的生命活动，是由社会化习得的思想、观念、习俗、欲望等所组成的意识来主宰，知与不知中普遍受到意识的操纵，意识的能量一发动就不可遏抑地相互冲击，我们所谓的人文活动是最典型的意识。科技本来是客观的现象，一旦被运用在人类社会，沾染了人文的价值观，一样形成意识。可以说，人类生活在人类意识所创造的虚拟世界，这种现象会一直延续，永无止境。

所以《坛经》说："一切修多罗及诸文字、大小二乘、十二部经，皆因人置，因智慧性，方能建立。若无世人，一切万法本自不有，故知万法本自人兴，一切经书，因人说有。"（《般若品》）这可是人类的宿命。

就像每天早起，夜晚睡觉，在时间的序列中，踏着永不能停止的脚步。一如希腊神话中被神惩罚，每天运石上山的西西弗斯。

法鼓山圣严法师喜欢谈禅，他竟然说：

> 人要想得自在，就要观自在菩萨……当这位菩萨用
> 他非常高的智慧来看世间所有的方法以及一切现象时，
> 便可离开一切苦难，所谓"行深般若波罗蜜多"，就是
> 用高深的智慧，来度脱众生的苦难。(《禅与悟·禅——
> 解脱自在》)

显然不明白智慧也是意识，意识借五蕴而来。唯有生活在地球上的人类才会累积"智慧"，菩萨没有智慧，除非他曾经生活在这个世界，在藏识里储存这些经验程序。况且世间的虚拟世界如影相随，有人类就有意识，就有智慧，解决了一个问题，产生了更多的问题。

学禅的人要认清这个无可奈何的事实，也不要动不动就认为菩萨是智慧者、禅者是大智慧者。其实，离开这个世界，人类累积的智慧一无用处！西方净土的弥陀或琉璃世界的药师佛，哪还有什么绝出的智慧？这些智慧在净土有什么用处？是以证明这些禅师是凡夫俗子，认识不清而已。显然，不懂唯识学才有这种自我矛盾的思想。

纯生命会呈现什么样的生命现象呢？

这个问题非常有趣，也是一般学禅人没有警觉的问题。

我们一再说禅就是本来面目、实相、如来，是菩提、般若、涅槃心，一般人不免被这些名相搞得头昏眼花，到底什么是生命的特点呢？

这要回到《心经》："观自在菩萨，行深般若波罗蜜多时，照见五蕴皆空。"换句话说，如果你能照见五蕴皆空，你就进入菩萨位，渐入观自在菩萨圣位与诸佛同一鼻孔。六祖也说："菩提自性，本来清净。"

请问当你"照见五蕴皆空"时，会呈现什么样的觉受？会呈现"无我相、无人相、无众生相、无寿者相"，时间、空间抽离了意识的震荡，"凡所有相皆是虚妄"；此时的觉受是"如痴、如呆，似木人"。因为他五蕴偃旗息鼓，不再向外攫取印象，不再向内累积缘会的记录，"事如春梦了无痕"，顶多是位"三家村中的老农夫"，憨憨的、醉醉的，"庵中不见庵前物，水自茫茫花自红"。

这种觉受才是禅的觉受。

六祖阐述禅定："外离相为禅，内不乱为定"，纯生命自然的觉受，"如珠吐光，还照珠体"，不是刻意运用意识去禅定，去分内外。那样饱满的"独行道"、那样生活运行，如空中飞鸟，寻无鸟迹，而得"观自在"。

禅定随着本来面目的呈现而来，不必造作，故六祖又说："即心名慧，即佛乃定；定慧等持，意中清净。"（《机缘品》）《坛经》特别立一篇《定慧品》：

我此法门以定慧为本。大众勿迷，言定慧别。定慧一体，不是二。定是慧体，慧是定用；即慧之时，定在慧，即定之时，慧在定，若识此义，即是定慧等学。……善知识，定慧犹如何等？犹如灯光，有灯即光，无灯即暗，灯是光之体，光是灯之用。名虽有二，体本同一。

　　我们一再强调禅宗的禅定和其他的禅定不同。其他禅定，无论四禅八定、九次第定、止观之定或种种禅定，都是有意取向的作略，无法定慧圆明；禅宗的禅定是随着纯生命的运作当然而然的出现，一旦禅的分量减少了，般若减低了，五蕴隐隐作怪了，定慧程度随之降低，水涨船高，水退船低。

　　生命体不能离开现实社会，行者如何在行住坐卧中呈现定慧圆明呢？六祖提出"一行三昧"与"一相三昧"，"三昧"即禅定。

　　六祖的"三昧"是："若欲成就种智，须达一相三昧、一行三昧。若于一切处而不住相，于彼相中不生憎爱，亦无取舍，不念利益成坏等事，安闲恬静，虚融淡泊，名一相三昧。若于一切处，行住坐卧，纯一直心，不动道场，真成净土，此名一行三昧。"又说："若识本心，即本解脱；若得解脱，即是般若三昧。"

总之，纯生命本身就处于禅定状态，纯一直心。世人不知，妄以意识心控制想念行为，认为就是修行，这是以妄逐妄，永无了时啊！五祖弘忍名言："不识本心，学法无益！"不以般若来观照，学法成法执，法门成偏执，可不慎哉！

禅者如何行持？

禅宗首重见性，不见性就无法如法修行，允称盲修瞎炼，就像不知道目的地在哪边，到处漫游。没有见性之前，所谓修行是前方便，研究经典、念咒息心、改变习性等都是对的、好的，必须走的路，这是为了参禅奠定基础而已。因为这些都是漫游，有得于心可以满足部分心理的需要，和学习哲学、心理学，涉猎各种宗教没有两样。

一般人都是这样走的。古德为了方便才建立各种法门：三论宗、天台宗、华严宗、法相宗、净土宗、律宗、密宗、禅宗等。他们把浩瀚的经典归类分判，厘出一条进修的方法，一门深入，渐有心得。和现代学术一样的分门别类，便于选择下手。一经选好，一门深入，把古德列出的相关经典、论说、文献等集中研究，才不会涣漫无章。

现代人都不这样做，早上看经典、晚上看公案，明天看论著、后天看密乘，到处游览，自以为有得。我们经常碰到这种聪明人，他们把所有书都拿来看，把重点整理出来，自己受用也向人推销，非常得意。他们不在意找出菩提心，只在意满足知识的渴望，不懂法只懂学问。要学，就要一门深入，向一门深入的专家学者学，才不会浪费时光。

要学禅宗有几本经典必须学：《金刚经》《六祖坛经》《大乘起信论》《楞伽经》《楞严经》《法华经》及《胜缦夫人经》。实在心力不够，前两本书绝对不可缺，再加上《法华经》，我们的《安祥禅》集，好好用心，一门深入，绝对非只有得而已，保证看个三十年必有花可开、有果可得。不得，找我算账，我绝对不赖账。

从《金刚经》《坛经》显示有几种方式可以明心见性：

第一，如法持诵《金刚经》。

六祖借《金刚经》的持诵因缘而见性；恩师耕云先生亦勉励我们：持诵《金刚般若经》即得见性，当知此经功德无量无边。但持诵要有要领，即晨起漱口后，静坐须臾朗声持诵三遍，然后合经观心，保持那份清净心，愈能保持愈有心得，此即近似前后际断，功德殊胜。

第二，"不思善、不思恶，正与么时，哪个是明上座本来面目？"即参禅的探本溯源，探索得愈久，心力愈集中，若得善知识点破、拽破，通常会有不可思议的心得。古德运用这种方式，待机缘成熟，猛施一棒一喝，而呈现"无念、无相、无住"的心境，非常可贵。

第三，反省忏悔。本来面目蒙尘，此尘即平日妄行、妄想带来的污染，唯有反省忏悔，去恶从善，摧毁我执即得离执禅定。此法是所有宗教领袖持之不息的法门，也是做正人君子必由的道路。

第四，得大成就智者的心传，即五祖所说的，"法则以心传心，皆令自悟自解，自古佛佛唯传本体，师师密付本心"之本体、本心。传心之法自南宋大慧宗杲后失传，今重现于安祥禅学会。

第五，"有疑不决直须争"，不可囫囵吞枣，以近似值为满意。《坛经》处处有参访中的针锋相对，是尊重真理的客观态度。不悟的人经常会支支吾吾，或故意说些模棱两可的玄语。真参实悟过来人满心热忱，有问必答，也欢迎到处参访；不会自大地说"要开悟必须到我这里"那样的妄语。

以上五种方法都可以交叉运用，因为速得心传，机缘非常少，若无反省忏悔做支撑，得而复失者众。若论修行，反省忏悔前后贯串，人中最为第一，"忍辱波罗蜜，如来说非忍辱波罗蜜，是名忍辱波罗蜜"。

六祖从楞伽禅向前跨了一大步。

研究禅宗史的人都公认：六祖禅是达摩的楞伽禅，加上般若思想而演变成金刚禅。

从时间的演变与禅者的主张来看，达摩到五祖一直保持着楞伽禅的风格，即看心看净。但就佛法来讲，这种分判只是不同角度对禅的看法，佛陀讲禅，讲的是诸佛心第一，讲的是如来清净禅，从来没有改变。所谓时教是不同时期的说法，东说西说还是如来禅，还是一真法界，不会两样。

楞伽禅的输入有其时代背景，当时大乘佛法在中华土地已经有大量的经典，也有大量的义理探讨，建立了三论宗、天台宗、净土宗、俱舍宗等等。论的气势很强盛，理胜于质，大乘经典翻译的过程支持了这个趋势。但佛法是行门不是解门，禅宗的切入是必要的，才可避免大量论述形成的泥淖，泥迹失神。禅宗拿个灯向大乘论师晃了一下，向他们说："回过来看看你们心中的灯光吧！"

六祖禅对楞伽禅是一个大突破，楞伽禅以《楞伽经》作为理论的指导，从教入宗的意味较浓，又注重观心、看心看净。六祖禅是大突破，直指下手处而呈现般若，毫不啰唆，故称最上乘。如果能够如法持诵《金刚经》，即得顿入"应无所住而生其心"，因此禅师接人也要有这份本分事，这是"以心传心"的禅的亲和力。

传心来自自他不二、五蕴皆空，五蕴皆空才立不二，既然不二当然"无我相、无人相、无众生相、无寿者相"，这是连环相扣的。现代禅师不敢谈传心，认为那是神秘的，印顺法师以及追随其说的人都不相信传心，都回头走止观、走戒定慧，比不上楞伽禅。

以心传心，就如入芝兰之室，久而闻其香；就如热融熔效应，心光的交流是通得过实验证明的。五祖向六祖讲"佛佛唯传本体，师师密付本心"，当下只有"以心传心"的心心相印；达摩也这么讲；到六祖将这个无上大法传开，才有"一花开五叶"，禅可以遍地开花，打破了传统的代代相传衣钵，没有第二人。

以心传心令人顿悟，但悟后起修又非看心看净不可，否则保任容易轻纵。所以说，达摩禅与六祖禅不同在下手处：达摩禅是"自觉圣智"，自力开发般若为主；传心可以打破空间与时间，六祖禅是当面传心，拣择根器；安祥禅更进一层，打破了时空的阻隔。这才是金刚印心的最大特点。

另一方面，传统的禅定是戒定慧或止观双运的，为修习心念、排除心念得到静定的功夫。禅宗讲的禅定，从见性之刻体会到"外不着相为禅，内心不乱为定"，内心不乱不是刻意、有为、渐进的功夫，内心即菩提自性、摩诃般若，是"自性自定"的定，所以六祖才以灯与光来譬喻定慧等持，同时并存。所谓"明心"，即明白地做到了、展现了本心，那时刻没有五蕴的干扰，自然而然呈现离开执着的禅定，是生命处于纯净状态的现象，"繁兴永处那伽定"。

《定慧品》："无者，无二相、无诸尘劳之心；念者，念真如本性。真如即是念之体，念即是真如之用。真如自性起念，非眼耳鼻舌能念。真如有性，所以起念；真如若无，眼耳色声当时即坏。善知识！真如自性起念，六根虽有见闻觉知，不染万境，而真性常自在，故经云：'能善分别诸法相，于第一义而不动。'"第一义即真如本性，尘劳是第二义。落于第二义必然是"我思故我在";时时自觉即第一义,"我觉故我在",享有"观自在"的自由分!

诸论对"一行三昧"的论释也未符六祖原意。

印顺法师说:

> "诸佛心第一"是达摩禅的旧传承,《文殊说般若经》一行三昧,是为适合时机的新综合,在禅者的悟境,这两部经是没有不同的(方便不同),但摩诃般若波罗蜜,在达摩禅的传承中,越来越重要。(《中国禅宗史》,56页)

禅是一超直入如来地,没有什么是悟境;如果禅不能人格化,而只是悟境,那是相对的,是哲学思辨的。禅是佛心,是如来,就是法身,别忘了,佛者觉也。

达摩禅的自觉圣智就是佛心,而"一行三昧"与"一相三昧"是现行。"繁兴永处那伽定"的"那伽定"是佛心、自觉圣智,"繁兴"是"一行三昧""一相三昧",所以六祖才说:"身来身去本三昧。"

一般论师兼禅说,最喜欢讲由定生慧,把定与慧分两个阶段,所以大谈"智慧""般若慧",定而生慧是和一般世俗法没两般的,那是离体的"相说"。

从《楞伽》而入禅,行必然是"一行三昧""一相三

26

昧"，定慧一体，这也是《大乘起信论》重视"一行三昧"的原因。六祖把它强调了再强调，禅宗不时兴打坐、禅定，唯论见性，一见性万法俱备，舍"一行三昧""一相三昧"，如何行住坐卧都是"禅"？况且，讲"但自无心于万物，何妨万物常围绕"，不是"一行三昧"及"一相三昧"的行持吗？

佛学研究者很容易被概念所驱使。看心看净是《文殊般若经》的"一行三昧"，以念佛为主，这是偏重观心三昧的。六祖禅直接掌握根源本心，看心看净是助行。禅行者必然是"一相三昧""一行三昧"的。两者主趣不同。

外道与次第禅发现一个问题，本来在蒲团上歇心息心，颇得清净，但一旦起坐，又不能连续这种清净，打断了。所以空言打坐，起坐又如何？保持这种清净心，又如何在现实的社会保持四禅八定呢？无法自圆其说，只是模糊地说行住坐卧也可以禅定。他们根本不了解所谓行住坐卧都是禅的禅，不是指禅定，是指禅心，是般若。

禅宗讲的禅是真实的，真实的才是原本的，才是普遍的，所以人人都有佛性，人人都能入禅。既然这样，禅当然不能分出家不出家，强调的是禅的普遍性与本来性。

今天很多人误会出家人才是禅师，那是违背事实与真理。在古代，出家人专心修行，受在家人的供养，期待出家人扛起如来家业，颇有分工的美意。现代不一样了，生活水平提高了，教育普及了，学术研究开放了，大家都可以学禅、学科学、学艺术，知识开放了，信息公开了，只要方法对，学禅必能成功，何必分出家、在家？

专制时代，宗教不能高于王权，以保持社会的稳定，六祖是天人师，是法王，深知这层微妙的关系，所以南遁，避入猎队十五年。躲避什么？那时是武则天的天下，禅者是不能有锋芒的，而且法相宗在玄奘去世后，窥基大师与皇家有渊源，皇亲贵戚加上南北宗的争议，不立文字与义学的对立，这等等条件都不利于禅宗的发扬。

岭南是未开发地带，民风强悍，他讲佛法，不能不以儒家教化做奠基，将世法与佛法兼容，所以在《疑问品》中大谈：

> 心平何劳持戒，行直何用修禅，恩则孝养父母，义则上下相怜，让则尊卑和睦，忍则众恶无喧……菩提只向心觅，何劳向外求玄？

这段话看似平凡无奇，禅就是在无奇处。因为禅其实是心灵净化的最高点，所谓十法界、三恶道都是心灵的状态，有什么心灵就呈现什么法界。他强调："常行十善，天堂便至；除人我，须弥倒；去邪心，海水竭；烦恼无，波浪灭；毒害忘，鱼龙绝……自性内照，三毒即除，地狱等罪，一时消灭，内外明彻，不异西方。"古德说："尽大地是个解脱门，把手拽伊不肯人"，禅在平凡无奇处。"若欲修行，在家亦得，不由在寺。在家能行，如东方人心善；在寺不修，如西方人心恶。"这是六祖的一花五叶，禅可以在任何地方播种、开花、结果。

创造佛教的悉达多，出身太子，众人瞩目；开创禅宗新纪元的惠能，出身樵夫，语音不正，朴实憨直。两个人这样的悬殊，却在特殊的机缘中传达了法界的心声。佛教受到盛大的欢迎，禅不断地在挑战中生根。没有禅的佛教容易成佛学，不参禅而学禅，禅道变成禅学，精研《坛经》是正本清源。

谈六祖的识智颂

　　六祖是我国有史以来最伟大的高僧，用平常百姓的俚语阐发佛陀的圣道，言简意赅，又循循善诱，让研读的人受用无穷。所以，历代祖师都劝学人要把《坛经》详读、精读；句句读，字字读；每天读一点，然后详加玩味、体会，自然有无穷的智慧流出。

　　有志参禅的人，一定要把《坛经》列为必修课程。要知道，六祖的言谈被视为经典，那是人天的极则；况且禅宗的"二门""五宗""七派"都是从曹溪一滴水滋润出来的，对中华文化正面的影响非常非常的大，要学禅，不研究这部经是不行的。

　　近来有部分高人笑六祖不识字，不懂得唯识学，所以六祖及历代祖师果位不高；唯有他们才能阐扬禅宗，才是真正的楞伽印心的传人，颇为风发。

　　末学追随六祖遗风，才慧有限，却愿将老人家的《识智颂》做一个略解，让大家晓得六祖虽然不识字，没学过唯识学，却三言两语地讲过唯识：

大圆镜智性清净，平等性智心无病；

妙观察智见非功，成所作智同圆镜；

五八六七果因转，但用名言无实性；

若于转处不留情，繁兴永处那伽定。

本来佛教是心灵救济法门，意在不断地提升人类的心灵层次。世尊讲《圆觉经》在提醒世人：我们虽有佛性，却混杂了各种杂质，犹如金矿不是纯金，必须经过镕冶陶铸，一旦成佛永不退转。

世尊初转法轮，以四圣谛、十二因缘法就可以开发成千上万的弟子，这是因为这些弟子勇于求道，精进不懈，一旦遇到世尊开示，心花即开。后来法性、法相争论不休，实证真修者少之又少，乃有密宗的兴起。密宗讲观想，讲明点，把经典摆开一边，杂糅诸宗教，别走一路。达摩祖师只好东来震旦国，独传佛陀心法，当时北方大乘佛法非常兴盛，格义风气浓厚，时机待酝酿，所以提倡"楞伽印心"，从理上认识相对思想的执迷，启人自觉圣智，回归不生灭心。

到了五祖，禅宗既与中国人文文化互为借鉴，有大放异彩的机缘，才责六祖扛起"金刚印心"的旗帜，让有缘人"因地果还生"，而有"一花开五叶"、遍洒甘霖的中华禅出现。

至于现在，时空不同，社会环境变异太快，而且有世界一家的面貌出现，禅宗如何面对这些复杂局面，提出更直接有效的禅风来拯救生灵的心灵，那就有待圣尊的出现领导了。

佛教的主题很简单："三界唯心，万法唯识。"禅宗着力于三界唯心，故强调自觉圣智、自觉自悟，才有"不立文字"的"直指人心"。唯识析辨世谛、出世谛因缘，以返照出世谛的清净心，当然着力"万法唯识"。

智识之别，《大乘起信论》讲得非常清楚："此中显示真实义者，依于一心有二种门：所谓心真如门、心生灭门。此二种门各摄一切法，以此展转不相离故……心生灭门者，谓依如来藏有生灭心转，不生灭与生灭和合，非一非异，名阿赖耶识。此识有二种义：谓能摄一切法，能生一切法。"

阿赖耶识又称藏识，是真妄迷悟之根本，也是生死凡圣的根源，《楞伽经》云："洪波鼓冥壑，无有断绝时，藏识海常住，境界风所动。"可见本来不动，所动者是境界风，正所谓"前境若无心亦无"。取境界的是生灭心，不是藏识，特称为第七识，又名末那耶识，其实即第八识之动念；此生机一息，前境顿空，那么六识纵然能分别，则没有可依附的东西了。

而前五识（即眼、耳、鼻、舌、身等识）原无别体，只是藏识应缘之用，独能照境，不能分别，故说是"同圆镜"。能够分辨五尘的不是五识是意识，故居有功，不起分别则"见非功"矣！

藏识本真，故曰"性清净"，过在一念生心。有生则有灭，如水之流，非"水"外别有"流"也；但水有不住之性，见有流相，有流则非湛渊之水。《楞伽经》曰："二种生住灭，谓相生住灭、流注生住灭。"都属于藏识。生灭不灭，则前七识生；生灭若灭，则心本清净，如云散太阳自然露脸。复此光明之本性名智，故曰"心无病"。

六祖将八识转为四智，"教中云：转前五识为成所作智，转第六识为妙观察智，转第七识为平等性智，转第八识为大圆镜智。虽六七因中转，五八果上转，但转其名而不转其体也"（《机缘品》）。这个"教"指的是"唯识学"。

识本非真，妄有二用，故曰："但转其名而不转其体。"问题是此体不是在一般禅定中修行，而是在无执禅定中转，普行于日常生活，不拘贤愚凡圣；亦即般若观照，才能照见五蕴皆空。故六祖另外有禅定的解释："外若着相，内心即乱；外若离相，心即不乱。本性自净自定，只为见境思境即乱。若见诸境心不乱者，是真定也。"故曰："若于转处不留情，繁兴永处那伽定。"何等逍遥自在！

谁说六祖不识唯识？

说到唯识学，除了上述马鸣菩萨的《大乘起信论》，更不能不重视我国法相宗的大师——玄奘菩萨。他总结唯识论的《八识规矩颂》非常精辟。我们来看此颂的最后二颂：

> 浩浩三藏不可穷，渊深七浪境为风。
>
> 受熏持种根身器，去后来先作主公。
>
> 不动地前才舍藏，金刚道后异熟空。
>
> 大圆无垢同时发，普照十方尘刹中。

藏识转智以末那转智为衡。第八不动地前，断我执种子，此识才不复被末那执以为我，就有去执藏之义，有情不受分段生死。至十地等觉位中，金刚道后心而入如来地，末那究竟转智，藏识之异熟果相亦空，有情不受变异生死。如来地藏识究竟转智即大圆镜，即无垢识，唯是无量功德，即《圆觉经》所说的纯金也。

这两颂说理分析详尽，苦口婆心，就教中来看，真是明见秋毫。但理不离文字，文字终非现量，治唯识学的人难免沦于理论的大海而漫游，忘了至理无言，理极必反，欲得大地平沉也是不容易。再观六祖《识智颂》，就显得积极而有力量，一超直入如来境，不历僧祇获法身，非上上根器何能转处不留情？非上上根器，于悟后起修，就得花点心思在唯识上，才能更上一层楼了。治唯识也当以禅宗的顿悟现量为明镜，时时反观自照，才免陷于义海而不知返。六祖有言:"宗通及说通,如日处虚空;唯传见性法,出世破邪宗。"又说:"若真修道人,不见世间过,若见他人非,自非却是左。"寓意深远,非深治唯识者不能透彻了解!

法性、法相两宗是佛学重心,我国有幸出现了玄奘菩萨与六祖惠能两位大师,当更严肃看待,精诚追迹,莫贻后起无人之羞。

三身四智颂

什么是法身、报身及化身呢?

智通初看《楞伽经》千余遍,不会三身四智,因礼六祖求解其义。

六祖的答复极为简要,这是禅宗的一贯精神,言简意赅而直指人心:"清净法身,汝之性也;圆满报身,汝之智也;千百亿化身,汝之行也。"这句话提醒我们:自性虽然清净无碍,但于日常生活中,要智行相符,以显法的人格化,所以他又说:"若离本性,别说三身,即名有身无智;若悟三身无有自性,即名四智菩提。"接着他唱出《身智颂》:

自性具三身,发明成四智;

不离见闻缘,超然登佛地。

吾今为汝说,谛信永无迷;

莫学驰求者,终日说菩提。

如何不离见闻缘呢？六祖在《忏悔品》中谈及"一体三身自性佛"，可供参考：

　　何名清净法身佛？……自心归依自性，是归依真佛。自归依者，除却自性中不善心、嫉妒心、谄曲心、吾我心、诳妄心、轻人心、慢他心、邪见心、贡高心及一切时中不善之行……常须下心，普行恭敬，即是见性通达，更无滞碍，是自归依。

　　何名千百亿化身？若不思万法，性本如空，一念思量，名为变化……念念起恶，常行恶道，回一念善，智慧即生，此名自性化身佛。

　　何名圆满报身？譬如一灯能除千年暗，一智能灭万年愚……善恶虽殊，本性无二，无二之性，名为实性。于实性中不染善恶……念念自见，不失本念，名为报身。

教内通常说禅宗是难行道，靠自力，非常辛苦，不如他宗，尤其不如净土宗。但是净土宗有九品莲台的施设，还是要当事人在这世界累积功德，随其福德因缘而往生，仍然不是"白吃的午餐"。

禅宗的难行道反而更能勉励自己、激励自己。所谓十法界是根据当事人的心灵内涵而定的，神佛不能随意打折扣，他们还是要维护因果律的，他们没有特权。学法的人，不论任何宗教，都要清楚这个铁则。

三身本来就是一身，《疑问品》云："心是地，性是王，王居心地上；性在，王在；性去，王无。性在，身心存；性去，身心坏。佛向性中作，莫向身外求。"所以说"自性具三身"，而"发明成四智"，重点在第六识与第七识，因为"五八六七果因转"，六识与七识是转识成智的关键；尤其第七识，必须"若于转处不留情，繁兴永处那伽定"。第七识就是我执与法执。

无我执，则人人可亲；无法执，则心地光明，出言吐句莫非莲花，大家皆受清凉。凡拜谒耕云导师、听导师讲词的人都有这些觉受，岂不是"清净法身"，而感到"法身觉了无一物"吗？

总之，七识头上一把刀，是修法的切要处！智通领会法要，不再怀疑，乃赞叹："三身元我体，四智本心明，身智融无碍，应物任随形！"禅行重即知即行，又得一证明。

我与末那耶识

古德有偈曰："学道之人不识真，只为从来认识神；无量劫来生死本，痴人唤作本来人。"

识神就是末那耶识，也就是业识，它"不仅是构成种种人格的素材，而且也是一切妖魔、鬼神或灵魂的前身。承受变异生死、分段生死的是它，生死死生，不断地改头换面的也是它"。

玄奘菩萨在《八识规矩颂》里说它："恒审思量我相随，有情日夜镇昏迷；四惑八大相应起，六转呼为染净依。"前眼耳鼻舌身意六根辗转而生起之识，依此而生，吾我为执，所以去我执的对象就是要清净此识；由小我而大我，由私我而公我，并不是要把这个识杀掉。前六识完全由它做主，才称为染净依。

玄奘大师又说："极喜初心平等性，无功用行我恒摧，如来现起他受用，十地菩萨所被机。"要到初极喜地，分别我法二执种子才能断掉，才是"平等性智"露头的时候。

至第八不动地，第二位转智，借无功用行，任运将此识之我执种子，恒常摧毁，不复增长。恩师一再强调观心、反省是修行道上随时用功的课题。粗的无明容易发现摧毁；但细的无明是俱生无明，累劫的业识根株很深，必须在离执禅定中反省，深切地发现那个根株，粗心是很难发现的。这一点非常重要，不在离执禅定中反省，只得表面意识反省，反而落在我执中反省，愈反省愈觉得我对，别人不对，那就不是反省，是自大，只增强了我执。

六祖也说过"他非我不非，我非自有过"，是在提醒我们——指责对方过错，表面上看来很自然，也很合理，但在离执禅定中，我们会发现菩提自性本来清净；产生这些是非的相对观念，其实就是我执的末那耶识在发动，我们的藏识还累积着很多的无始无明，借境把这些种子萌芽；所以六祖才说"若真修道人，不见世间过，若见他人非，自非却是左"，寓意深远，不仔细思量，不容易发现这里面的曲折。

妙观察智究竟圆成于入如来地，七识所转之平等性智亦复成就；至此，"成所作智同圆镜"，才真入不二法门。恩师耕云先生勉励我们：要将不二法门多加延伸、体会与实践，特别举示自他不二、理事不二等等，要在这里连贯发挥。

前面谈到"恒审思量我相随，有情日夜镇昏迷"，"我"可爱亦复可怕在此。所以恩师耕云先生又在《垛生招箭》中说："末那起执，妄竖吾我。主观执着既起，是非随之纷然，总总欣厌取舍……汩没性灵，昧却本来，头出头没，轮回不息……其始亦只是一念无明，妄心起念，念念相续，刹那生灭，终堕无常，竟不自觉……盖以八风鼓煽，尽随它转，何有半点自由分？"

我们描写这个世界是人类意识构成的虚拟世界，就因为每个人的末那耶识，千丝万缕地构筑了一个绵绵密密的意识世界，称它为文明、时尚、进化……又通过各种交流，产生了世界是平的这一现象；其实只是在时空中反映了某个时代人类的意识活动，牵制了人类的活动，也引导了人类的活动。到底要走向什么样的未来，大家几乎都是茫茫然的，每天只好加速脚步，无可奈何地跟着潮流而走，什么都迷失了，最后只剩下金钱与贪婪。

我们生活在这个世界，当然要运用意识，从唯识学与玄奘菩萨、六祖的言教，我们可以将智识分为表层意识与潜在意识，两者的互动就是意识学，有待各界关心人类前途的人去研究。意识学也必定成为 21 世纪的显学，尤其意识学与量子力学的结合，将开拓人类的视野。

先师耕云先生在一次座谈会中，就弟子提出的中道之义，特别提出四个意识，谨录如下：

第一个睡眠意识。比方说我们睡觉有睡眠意识，不是做梦，要不然就是无记，但是意识仍在，意识不在，人就死了……

第二个相对意识。人醒了就是相对意识，什么都是相对的，人我、得失、是非、好恶……一切都离不开二元的相对意识。

第三种是独我意识。把自己的心卓然独立于物外，不与万法为侣。很多人以为这就是到家了，这是第三步，不要弄错了。等到你卓然不与万法为侣，只有自觉，这个叫独我意识。

第四个无我意识，亦称客观意识。一切存在都是我，无处不是我，处处都是我，所谓"如来正遍知"。

以上四个意识希望能够引起大家更深入的研究，这是唯识中非常重要的延伸。通常研究佛学或参研禅道，很容易停留在第三个意识上，师家难免、学者难免。禅所以要参，必定要在明眼师家的指导下突破这个意识，不能让弟子突破这个意识的，都只是文字禅、野狐禅而已。

但是耕云老师特别强调：

人到了尼尔巴拿（涅槃）的时候，才是真正的无我意识——客观意识。涅槃的时候只有客观意识了，其他的三个意识都丢掉了。但是人没有到达涅槃前，我们活在这个现象界……醒的时候，我们要带着一点睡眠意识；当我们独我意识完成以后，我们涵摄、包容了相对意识；当我们安祥到某种程度，见性以后，认得真我。哪个是真我？知道了那是原本的本心原态，然后这个真我又涵摄、包容了独我意识。这样相互冲淡的结果，就变成了中道，这个中道就是安祥。

唯识学所研究的内涵与当代心理学或认知心理学只有部分相同，它超越了群体心理学，也超越了神学，非常精微；它牵涉到生命的轮回现象，也牵涉到宇宙生命学，如果以为是神秘学或不符合实证科学而扬弃，将是人类文化上的大损失。因此在研究的时候要特别慎重，尽量客观地陈述以供后起之秀参考。

转识成智的智是什么？

转识成智的智不是智慧（wisdom），以为是"智慧"，这是常人的错觉。我们所说的智慧是世智辩聪，聪明才智，有智慧解决问题，其实这些都是"识"，是表层意识；从现实社会中学习得到的知识、能力、经验，仍然是根尘相对产生的法尘。

我们可以看到某些大师侃侃而谈佛法，甚至涉及政治、艺术、心灵、环保等等，严格说来都是法尘，都是俗世的学问，对现实生活也许有用，但不能视为正觉的智慧。

佛教所讲的智慧是般若，通常只保留读音而不译，勉强译为智慧，易造成错觉。般若是内心光明的智照，不与万法为侣。《心经》云："三世诸佛，依般若波罗蜜多故，得阿耨多罗三藐三菩提。"是正等正觉。

什么是正觉？是正确的觉受——"五蕴皆空"，保持一颗"廓然大公"的本心，不将不迎；一落识田，才有什么政治、艺术等，翻江倒海的五味杂陈。既然五蕴皆空，他的心态是憨憨一直心，犹如赤子，怎么会一天到晚找人谈道理、谈佛法呢？顶多为人解黏去缚而已。

这点非常重要，佛教是心灵净化工程，不是聪利的训练课程，愈要表现无所不知，愈彰显他的傲慢自大而已。

所以法相宗才要"转前五识为成所作智，转第六识为妙观察智，转第七识为平等性智，转第八识为大圆镜智"，这样，第六识就变成很好的工具，"真（性）空妙有"，识不离智了。识智本来不二，端在"转处不留情"，不留情识，汇归佛性，而得"繁兴永处那伽定"。

如何用功？

行深般若。六祖说："我此法门，从一般若生八万四千智慧。何以故？为世人有八万四千尘劳。若无尘劳，智慧常现，不离自性……用自真如性，以智慧观照，于一切法不取不舍，即是见性成佛道。"（《般若品》）

他又在《付嘱品》说：

　　若欲成就种智，须达一相三昧、一行三昧。若于一切处而不住相，于彼相中不生憎爱，亦无取舍，不念利益成坏等事，安闲恬静，虚融澹泊，此名"一相三昧"。若于一切处，行住坐卧，纯一直心，不动道场，真成净土，此名"一行三昧"。

禅宗的禅定是贯彻在行住坐卧四威仪中的圆定，就能"但净本心，使六识出六门，于六尘中无染无杂，来去自由，通用无滞"。这也是目前教内谈禅说道的人摸不到的头绪，因为他们长期习惯于打坐的定境，分不清楚此禅定非彼禅定。

禅不是道理，是转化气质后的法的现量！

当一切识汇归佛性后，才能真如起用，通用无滞，以宇宙心过活实际的人生。

我们经常说心灵净化，提高心灵层次，着眼点在第七识转为平等性智，就是所谓"民胞物与"的胸怀。当我们视万物为一体的时候，宗教的情怀与人性的情怀才能互摄、互融，打破人我之间的界限，走向大同的理想世界。

所以我们才说：转识成智的智是内心正觉产生的真慈悲，而后才能善用"识"来服务社会，捐私见、去私欲，光风霁月。不是要把识灭掉，识是生命活动的依靠，不能灭掉的，没有识形同枯木岩石，那是不知不觉的物化了！

识没有什么过错，它依靠人的取执或取般若，而有不同内涵。

般若证智是学佛首先要解决的大前提

　　禅宗的特色是不以佛学名相诠释义理，只用简单的民间的俚语，直接说出佛法的精义；用现在的话讲，就是运用当时民间的语言说明佛法。

　　这有一个前提：佛法或任何正派宗教所传播的理念，应该能深入民间而触动人心，不应该带着神秘的色彩。印顺在《〈般若波罗蜜多心经〉讲记》中对真理有这样的定义：

　　　　凡真理要合乎三个定义：一、凡是真理，必定是本来如此的；二、又必定是必然如此的；三、还必是普遍如此的，这近于哲学者所说的"最一般的"或"最哲学的哲学"。但哲学家所说的，由于推论、假定，或由于定境，与佛法不同；佛法是佛陀及其弟子们以般若亲自证得的。

这段话的前半段是追求真理的人，应该牢牢记住的原则——追求真理的人至少要有哲学家的爱智动力，探讨一个原本的，才是普遍的，而且是必然的，可以通过实验证实的，也是历劫不亡的。

原来就没有人类，有什么理可说？原本没有宇宙、银河系，有什么事可立？无一理可据，无一事可依，到底什么才是真理？这才是爱智的精神，也是参禅的精神。

禅不叫你打坐冥想，把一念空掉了，把自己和虚空融合在一起；是要集中精神、理智在这里用心。

无理可说、无事可立的元本是什么呢？

教界也一样一律以空、空性、空性智慧称为毕竟空，主张一切放下，这个放下一切的念头却经常盘绕在心头，都是意识上的空，那是幻空，甚至是死寂的空，是顽空，把空概念化了。

如果是空，为什么有这个世界？为什么有人类？

印顺法师对空又做了睿智的解答：

我们要了解空，须从这三方面去解释：一、世间没有"不变性"的东西，这就是诸行无常。诸法既没有不变性，所以都是无常变化的。从否定不变性说，即是空。二、世间没有"独存性"的东西，一切事物都是因缘假合，小至微尘，大至宇宙，都是没有独存性的，所以无我。从否定独存性说，也即是空。三、世间没有"实有性"的东西……实在性不可得，也即是空。

中国人有独特的慧眼，所以能将禅宗发扬光大。除了佛法具有深邃的智性，显现平实普遍的道理；还因为《易经》与《中庸》在中国文化园地，早就开出了灿烂的花朵，让禅宗如大树般茁壮，《老子》《庄子》《易经》《中庸》虽然不是佛学，但非常契近佛学，禅宗才能相得益彰。

印顺上述的真理和空，就是禅宗参禅的主要课题。参禅必须以这两个前提获得圆满的解决才算破参，也才是开悟。

禅宗所有公案，都是祖师们在适当时机，让学人打破意识与思虑的枷锁而证的。也许通过参话头而将独头意识爆破；或获得祖师的印心，然还是要在绵绵密密的保任中突破上述两个问题，如果不是这样努力，虽"知有"而不能"百尺竿头重进步"，将永远在解脱深坑醉得不省人事。

非常遗憾的是，印顺法师没有教人在这两条路用功，却转个弯，要大家"以般若亲自证得"。

于是就产生了什么是般若的问题了。他说：

般若慧是从深刻体验真理所得到，如释迦佛在菩提树下，因获得了体验真理的智慧而成佛。

佛法中所讲的般若，主要是特殊的。佛、菩萨、罗汉都有此智慧，不过佛的心量大，智慧也大。

般若是最高的智慧，其内容深细难了，由于般若的最高智慧，才能亲证宇宙人生的根本真理。

他所说的般若是甚深的智慧，而智慧是抽象的概念，虽然在心行上可以表现出来，但是无法衡量。于是，般若变成了名相，名相的认识或体验，会因个人的差异而不同。是由经典的研读所获得的智慧呢，还是依据日常生活中体验真理的智慧，他都忽略掉。

法师这个看法自然会引导大家钻研经典，这也是造成今日佛学兴盛的原因。从教入宗本来是存在的，但是这条路很难走，必须走到理尽而源出，穷理达本源，因为道理的尽处无道理。

民国时四川大学刘洙源教授钻研大乘经典，最后从观心的理路实践起，终于打破无明，所以对人启迪，要人仔细观心，直接从心地下功夫，不多涉猎经典。

还有太虚大师，他谈到在西方寺看《大般若经》的时候，"身心渐渐凝定，忽然失却身心世界，泯然空寂中灵光湛湛，无数尘刹焕然炳现，如凌虚影像，明照无边。坐经数小时，如弹指顷，历好多日身心犹在轻清安悦中……从此，我以前禅录上的疑团一概冰释，心智透脱无滞；曾学过的台、贤、相宗，以及世间文字，亦随心活用，悟解非凡"。这样的大德，以后翻开经典也不过引用证明心地上的证悟。这也是《金刚经》所说的"无我相、人相、众生相、寿者相"的主题重现。

我们必须先证得般若智慧，而不是以般若来证得佛陀的心法。也就是说，般若就是佛心，就是宇宙的真理，生命的共相，涅槃的呈现。佛教各门各派都以破参为首务，都以见性为起点。见性就是般若的发露，没有这个经验谈佛法是虚的，只落到佛学的范畴，当代的很多有名的禅师都不能幸免。

印顺法师这个佛学思想早就成形了，在写就《〈心经〉讲记》前五年，他在《〈金刚经〉讲记》中就谈到"二道即五种菩提"。大致如下：

《金刚经》初由须菩提启开："发阿耨多罗三藐三菩提心者，云何应住，云何降伏其心？"佛陀解释后，须菩提再提问一次，佛陀所答大致相同。《大智论》说："先嘱累者，为说般若波罗蜜体竟；今以说令众生得是般若方便竟，嘱累。"嘉祥据此判本经之初问初答为般若道，后问后答为方便道。印顺法师在此，下了"此二道的分判，极好"的结论，可见他是完全采纳的。

二道即为五种菩提：发心菩提、伏心菩提、明心菩提、出到菩提及究竟菩提。他就发心菩提提示："折服粗烦恼后，进而切实修习止观，断一切烦恼，彻证离相菩提——实相，所以名为发心菩提……望前般若道说，是证悟；望后方便道说，是发心。前发心菩提，是发世俗菩提心；而明心菩提是发胜义菩提心。"

这种分判不但繁琐而且明明显示，他的佛学思想就是渐门，就是止观。

就禅宗来讲，虔诚如法读诵《金刚经》亦得见性，马上发胜义菩提心，这在《坛经》里讲得明明白白，后来很多人也因读诵《金刚经》而开悟。禅宗和教门就有这么明显的差别。德山宣鉴禅师悟道的因缘就是最好的例证，禅宗走"直指人心"的道路是法界的恩宠，要好好重视它。

　　禅贵参，参须参天地未形前之本来面目！

正心行正法

纵览世界上所有正统的宗教，无不在强调心灵的净化，佛教亦然，"诸恶莫作，众善奉行，自净其意，是诸佛教"。所谓十法界，以什么为区别的标准？当然是心灵状态。所谓十地菩萨，以什么为衡量的标准？当然是心灵状态。我们要转凡成圣，当然要从心灵的净化着手。

世界上怎么可能有不做正人君子而可以成圣成佛的？

这个道理是这么清楚明白，为什么谈到禅宗、开悟、见性，大家反而堕落在神秘的色彩，或者染着严重的崇拜信仰，以人为依归，不以法为依归，不以心灵净化为主旨呢？

中国自周朝以来，就有这种人文的宗教观。

当人不做一个正常的人，就是非人了，非人背离了真心就不是正心。正人有正心，有正心才有正法，一条路下来，清清楚楚，明明白白。

先师耕云老师举扬安祥禅，直接把禅的内涵外举了。一千多年来，禅宗由盛而衰，到了这个时代，所谓禅师直把禅解释为打坐至一念不生，或到空性的智慧，或与自然合一，这不是神秘而无法检验的信仰吗？学理派只好说禅是本心、般若、实相、菩提心、涅槃心，就是那么模糊而不着边际。

有人说自己开悟了，景致一大篇，道理一大篇，却不甘于寂寞，千方百计要人家相信他开悟，要指导众人依照他的方法"禅修"，争名争利犹为其次，总在言语中暗示他是伟大的开悟的禅师。问题是，你得到了什么禅味？你只是一个糊涂的崇拜者，因为你不懂禅，认为那是极为高深的学问或真理。他知道你不懂禅，所以以敢唬你、敢伏你而已。

先师打破了千年来禅宗的禁忌，直言不讳地说安祥是禅的真味道。安祥从什么地方观察得到？当然可以从内心的状态测验得到、把捉得到。

最近心理学有长足的发展与进步，运用各种方法消除人们的负面情绪，增强正面情绪，增强积极思想，以提高心灵承载能量。

这是最普遍的原理，要从心理着手，才能达到身心的平衡，因为心理不平衡，免疫力降低，情绪紊乱，怎么会有健康的身体与健全的人格？

为什么要寻找宗教？

当代心理学可以解决部分心理问题，属于意识活动部分，但不能解决心灵上的问题，尤其是生死问题，况且时空中的意识变化甚大，人类在心理上永远有解决不了的问题产生，这是人类的宿命。

宗教是人类人文精神创发的最优越资粮。而禅就是人文精神净化的顶点，也是理性与智性进步的最精微的结晶。试问：当我们彻底了解生命的永恒性，了解生命灵觉的纯洁无瑕，我们的心灵当下解脱，生命通畅无碍，那时候，我们还有什么可挂碍的呢？

这种心灵的救济法门从"自觉"开始。

佛教的观心法门，让我们由不自觉而念起即觉，观到纯熟时，就可以知道念从何来，了解念本来无，进而掌握"念本无念"，当然可以无念而念！

《坛经·定慧品》中说：

> 我此法门，从上以来，先立无念为宗……无者无何事？念者念何物？无者无二相，无诸尘劳之心；念者念真如本性，真如即是念之体，念即是真如之用。真如自性起念，非眼耳鼻舌能念，真如有性，所以起念；真如若无，眼耳色声当时即坏。善知识，真如自性起念，六根虽有见闻觉知，不染万境，而真性常自在。故经云：能善分别诸法相，于第一义而不动。

所谓念而无念，即是"长空不碍白云飞"，就可"事如春梦了无痕"，踏入"过化存神"的阶段。于此，才可以明白六祖对志道的真言：

刹那无有生相，刹那无有灭相，更无生灭可灭，是则寂灭现前，当现前时，亦无现前之量，乃谓常乐。

由此，可以知道：心理学如何的精密，仍然是生活层面的问题；禅涉及的是生命的问题，这就非现代知识所能涵盖的了，是值得我们追求的人天极则。

学禅，请从念念做正人君子开始！念念能享有安祥，不必人家来印证，你绝对是开悟的人！

先师又对保任、深化安祥，有一段重要的提醒：

古德对加深安祥，践行中道，最宝贵的教诲是"截断两头，中间不住"，时时不忘去做，骨骼都会起明显变化，所谓"脱胎换骨"，生活感受当然愈来愈安祥、愈美好！

笔者的体验是，先从负面想念即起即觉，即觉即改，彻底改掉，让负面想念愈来愈少；同时，任何事情增加正面想念，正面想念多而负面想念少，成反方向的运动。其中增加正面想念就是反省检讨后，不想过去的种种得失、爱恨、顺逆，不为以我为主的私欲而编织未来，自然有积极的情绪产生，热情洋溢，同理心加强；再来是安祥的甜味——喜悦，

56

自然从胸中汩汩而来，像涓涓细流，散发出幽默的智慧，始知古德为什么出言吐句都充满了幽默的情怀，禅宗公案都印证了这股驱之不散的安祥！

太虚大师说："仰止为佛陀，完成在人格，人成即佛成，是名真现实。"他一生主张"人生佛教"，教人在生活中变化气质，脱胎换骨，是条康庄大道。无如某些人把它改为"人间佛教"，这一改，究竟法丢了，大家去追人天道了，做慈善事业了。虽然是末法中的好法，可惜丢掉了佛法的根本，实在可惜，如何两全其美，实堪用心！

惠能大师与《涅槃经》

　　六祖惠能大师与《金刚经》及《涅槃经》有大因缘。《金刚经》是他转凡成圣的根本，他的禅道却与《涅槃经》有很多的贴合之处，值得研究。

　　禅宗的禅定与一般的禅定有很大的差别。一般的禅定讲的是四禅八定，共外道的禅定，不是佛教独有的。别有九次第定，这可从密教与天台止观看到规模，是层次分明的训练与验证，是次第禅。

　　《坛经·定慧品》特别重视定慧等持：

　　　　我此法门以定慧为本，大众勿迷，言定慧别；定慧一体，不是二。定是慧体，慧是定用，即慧之时定在慧，即定之时慧在定，若识此义，即是定慧等学。……定慧犹如何等？犹如灯光，有灯即光，无灯即暗；灯是光之体，光是灯之用，名虽有二，体本同一，此定慧法亦复如是。

用一般的话说：正见与正受是一体的两面，般若产生的时候就是正受，也是洞山良价禅师所说的"如鲁如愚"，因为绝对的灵觉是无念心体，没有相对的概念。有相对概念是落入后天意识世界才有的，笛卡尔的"我思故我在"是最好的注脚。那是以第七末那识为主宰的意识世界。

大圆觉海，光澄万里，是所有智慧的原动力，但不是我们平常所说的智慧，有如电厂与电力的关系，电厂只产生电源，各种电器产生电力的运用，没有电厂就没有电源，各种电器只是闲置。所以六祖在《疑问品》中说：

> 心是地，性是王，王居心地上，性在王在，性去王无。性在身心存，性去身心坏，佛向性中作，莫向身外求，自性迷即是众生，自性觉即是佛。

所以我们要很谨慎地说：思想的我不是我，工作的我不是我，那是第二个我。洞山禅师的《过水偈》："切忌从他觅，迢迢与我疏；我今独自往，处处得逢渠，渠今正是我，我今不是渠；应须恁么会，方得契如如。"说得入木三分。

见性即见渠，正受升起，称为"三昧酒醉"，仿如微醺般的朦胧感。宋朝济颠和尚给人手不离酒葫芦的形象，不是嗜酒，只是以饮酒微醺向世人说明正受的"离执禅定"，就是"如鲁如愚"，这一点很重要。不明白这个道理，真的要辜负济颠和尚佯颠的心意了。

离执禅定在永嘉大师的《证道歌》中说过:"有人问我解何宗?报道摩诃般若力""行亦禅,坐亦禅,语默动静体安然""常独行,常独步,达者同游涅槃路""定慧圆明不滞空"。

定慧圆明是圆定,为禅宗的特有标志。

《涅槃经》亦讲定慧。《涅槃经·北本三十一》:"善男子,一住菩萨,智慧力多,三昧力少,是故不得明见佛性。声闻缘觉,三昧力多,智慧力少,以是因缘,不见佛性。诸佛世尊定慧等,故明见佛性。"

有部分学者以为竺道生亦详《涅槃经》,故有顿悟之说,就以为禅宗的先河是竺道生,这是从"定慧等学"而来的。况且六祖得法南遁,先到曹溪,《顿渐品》曰:"《涅槃经》吾昔听尼无尽藏读诵一遍,便为讲说,无一字一义不合经文。"从事相看,思想有衍流矣!

但是前人,包括竺道生,他们所谈的仍然是"定慧等学",不脱禅定与教观,与六祖是有区别的。禅宗自达摩以下,始以"直指人心"为主,当下见性成佛,即是"定慧等持"的。这个地方非绵密详察,恐怕不容易发现。

六祖不识字,一听无尽藏尼师读诵《涅槃经》即知妙义,是以何为本呢?就是以般若的定慧等持而来的。后来志道览《涅槃经》十载,未明大意,六祖特意经过一番详细辩论后，为他开示涅槃真乐："刹那无有生相，刹那无有灭相，更无生灭可灭，是则寂灭现前；当现前时，亦无现前之量，乃谓常乐。此乐无有受者，亦无不受者。"这是从"离执禅定"跨前在"无执禅定"。

六祖不但对《涅槃经》有进一步的发明；在另一则志常问道中，直说佛之圆妙，最后微言为"常乐我净"，真的无法可说了。

六祖是我国历来最伟大的祖师，一花开五叶，嗣后千三百年来，因《坛经》而悟道的祖师多达两千余人，而蔚成的禅风，形成最有人文特色的宗教精神，或明或暗的阴化王道，并深植庶民心坎。

习禅，应该对《坛经》细嚼慢咽，字字琢磨，绝对不会步入歧途，而研究公案才有会心领意的深趣。今日禅道，既不研究《坛经》，肆口"弹"禅，令人讶异。

今再谨录先师耕云先生对定慧等持之阃奥的揭示：

正见与正受原为一事。

然正受而耽正受，则压抑悟性，差堪自了，无方便能利他，故可讽之以正见不具；具正见而少实证，分别炽然，不知安祥为何事，亦可刺之不具正受。若果诚敬信至极，且坚信自心，则得正见时便享正受；享正受矣，见不离此，全以此自见自肯，自受用，亦行法施于

有缘，而显大悲方便，可名定慧等持。(《耕云书笺》)

定慧等学只是着重在等学；定慧等持则是见性后般若常现的心灵状态，未可混淆。而禅者之自受用即可法施于有缘，这是大悲方便，也才是定慧等持所自然流露出来的无缘大慈。

《涅槃经》在中国的流传早于竺道生及六祖惠能，为世尊最后遗教。竺道生虽有顿悟之说，其内容与六祖显然有别，这不是思想先后的衍变，而是对佛法实践成果的差异，列为思想史或禅宗史资料，要明白不同处。

应无所住而生其心

《坛经》是六祖惠能大师求法至成果的一部传记及法要记录，文字简短，很多是俚语，却蕴含了深奥的佛法，愈读愈有启发。有心禅宗的人士应该逐字咬嚼，逐句细啃，最好点个蜡烛或点个小灯，置个茶茗或咖啡，保证愈读愈有精神。不知不觉公鸡报晓，推窗外望，晨曦中有模糊的山陵轮廓，而晨星点点，一片宁静中透着"应无所住而生其心"的甘味。

说到"应无所住而生其心"，历来各家有种种的说法，大多将这个心称为"菩提心"，表面看来似乎言之成理，不算错，但是怎么看还是觉得不妥。

这句话在《金刚经》是这么讲的："菩萨应离一切相，发阿耨多罗三藐三菩提心，不应住色生心，不应住声香味触法生心，应生无所住心。"

如果单纯地解释为生菩提心，六祖怎么会大悟呢？

六祖生菩提心是极为传奇的。他把木柴挑到客店，转身回家，无意中听到另一个客人诵经，"惠能一闻经语，心即开悟，遂问客诵何经？客曰：《金刚经》"，就像春天到了花朵就开了，那么自然。

有人不了解记载在《金刚经》上那种奇妙的缘分："当知是人，不于一佛二佛三四五佛而种善根，已于无量千万佛所种诸善根，闻是章句，乃至一念生净信者，须菩提，如来悉知悉见，是诸众生得如是无量福德。何以故？是诸众生无复我相、人相、众生相、寿者相。"这是真实不虚的，也有人获得实证的。

诸佛菩萨降临这个地球，都有特殊因缘的，法界会假借各种机缘，让这些再来人明心见性，以便传递圣道，拯救人心。

有人却又酸酸地说，惠能那时是解会，不是见性。但是六祖不识字，如何聆听到诵经声就解会呢？不说别的，就说我们都是识字的人，打开《金刚经》持诵的时候，为何会一头雾水，不知经里的含义？试问：我们初次听人家诵《金刚经》，我们又从何解会呢？

顶多只能说六祖是领会，领受而体会到一种说不出来的心灵变化，所以他急着要到五祖寺拜谒弘忍大师解开谜底。

八月春米，出言不俗的"本来无一物，何处惹尘埃"，让五祖弘忍当下如释重负，深深地感谢法界把这个再来人送来了，约定三更传法，为六祖讲解《金刚经》，到了"应无所住而生其心"，六祖大悟了，说出了大悟偈。这偈留待以后再谈，暂且略过。

"应无所住而生其心"是什么意思呢？请注意前文："菩萨应离一切相，发阿耨多罗三藐三菩提心"，这才是正解。古德所说的"打成一片"，让般若智慧完全融入生命中发光发热，彻底的"无我相、无人相、无众生相、无寿者相"，应用现代的话，就是"法的人格化"。

有什么证据支持呢？

五祖在传给六祖衣钵时讲了一句话："法则以心传心，皆令自悟自解；自古佛佛唯传本体，师师密付本心。"什么人可以以心传心呢？

答案是：全身是法，法是全身的祖师。他们不要讲法，只要轻动口唇，粗言细语咸归第一义，自然地可以扫除学人的心垢，共享"无我、无人、无众生、无寿者相"。《金刚经》有句"说法者，无法可说，是名说法"，可以印证。

六祖听客人诵经，可以明心地，更见证法界的大慈大悲；也更庆幸中华大地降临这么伟大的祖师来开拓禅道，我们应该好好珍惜。

有些人喜欢以学术思想的角度分析《坛经》或佛教经典，往往落在意识的漩涡中而不知。例如钱穆先生在《评胡适与铃木大拙讨论禅》中，就以似懂的禅道来解释这句话："心有悟，事在修。达摩言'理入、行入'，惠能偈'本来无一物，何处惹尘埃'，而弘忍以'应无所住而生其心'。此是有了悟，仍有修。"意思是说，惠能讲"本来无一物"是了悟的境界，"应无所住而生其心"讲的是事修，因为这句话明明有个应又有个生，那不是事修吗？

这个论调是由他对华严"理事无碍，事事无碍"的解读与自己的体会产生的。从字面上看，他的说法是很有道理的，所以才产生了这个看法。而因为这个误解，让他在谈禅宗与理学的时候，特别重视"格物"，而排斥"致知"。依前提来立论，标杆一偏，面目全非了。留待以后再谈。

本文补叙但供喜欢禅学的理学人士参考。禅须全人格、全理智、全感情地投入，才能脱胎换骨，否则终为戏论，弥深自惕。

禅是生命学，勿当闲学解！

一念不生不是涅槃妙心

《坛经》是禅宗的宝典，也是五家七宗的本源，必须精读、细读。我们引用当代禅者的观念与《坛经》相互对照，是不得已的手法。因为这样的对照，才可以更清楚地发现错误的原因；进而对《坛经》做更深入的研究与验证；同时，证明研究禅道是可以借鉴学术界严谨的批判精神，避免宗教界向来紧闭山门，唯我独尊的神秘气氛，把那些大师拉到平常的地位来讨论佛法，这才是原始佛教的作略。

禅宗第一公案，六祖向惠明和尚说："不思善、不思恶，正与么时，哪个是明上座本来面目？"如果真的一念不生，六祖怎么要惠明回头转脑，离开不思善、不思恶，找到那个"本来面目"呢？

达摩来华，很慎重地说："外息诸缘，内心无喘，心如墙壁，可以入道。"心如墙壁就是"一念不生"，达摩也说要弟子在这个时候提起精神去觑捕，才可以入道。语句非常清楚。

二祖在达摩座下锤炼多年，将付法的时候，达摩问他心不攀缘，百念不思，是不是"断灭"？二祖慎重地回答："不断灭。"

这才是禅宗所珍重的"禅"啊！这才是珍贵得很的"本来面目"啊！六祖在《机缘品》对智常的问法，给了一个很明确的答复：

　　　不见一法存无见，大似浮云遮日面；

　　　不知一法守空知，还如太虚生闪电。

　　　此之知见瞥然兴，错认何曾解方便；

　　　汝当一念自知非，自己灵光常显现。

诸位，研究佛法、研究世法，都不能放弃我们的理智、灵感，该放弃的是偏见、主观、情绪，这才是"不思善，不思恶"的真义。在客观、清明的心灵状态，直觉敏锐，才能发现真相，找出合理的解答。

有些人根本不清楚禅宗的禅与一般禅定的定不相同，看到广钦和尚在鼓山一坐个把月，后来弘一大师以磬声让他出定，认为非常了不起，就推为禅宗的禅定。他是了不起的修行人，没错，但这种定境不是禅门的禅定，禅门的禅定是一行三昧与一相三昧，"身来身去本三昧"啊！

"即空即有、非空非有"，佛教界称为"戏论"，那是文字游戏，公孙龙、惠施就是高手。因为你可以无限地玩下去：非非空非非有，即非空即非有……搞得你天旋地转，是头非头，是心非心去！

禅宗有一句话："离四句，绝百非，请道一句来？"就是讽刺这种戏论的诡辩。

有一则寓言：父子俩赶驴上市，路上听到行人窃窃私语：这父子真笨，有驴不会骑，父子乃骑驴而行。又听人说：父子二人不会体恤驴子，竟然同乘一驴，父亲赶快下驴，继续赶路。却听路人私语：孩子不懂事，自己上驴，让父亲走路，两人赶快互换。走了一段路后，又听人说：父亲自大，放任儿子步行。此故事中人们不同的议论，让父子俩动辄得咎。玄论仅让人似懂非懂，一无是处，同一理也。

禅宗为什么要说"不识本心，学法无益"呢？因为以攀缘妄想心去排除攀缘妄想心，最后那个心仍然是攀缘妄想心，以妄去妄，还是妄，逻辑清楚。禅宗"直指人心"，让人亲证"本心"以后才能"制心一处"，那个一处是本心，找不到本心就是妄心，妄心做主，不免随妄逐妄，本心找到了，以它来主宰心国就对了。

《坛经》记载志诚问法，六祖详细剖析之后，说："若悟自性，亦不立菩提涅槃，亦不立解脱知见。无一法可得，方能建立万法。"

说法的人一定要见性，不见性就是流俗阿师，可不慎哉！《金刚经》最后一句殊堪玩味："若有善男子、善女人发菩提心者，持于此经，乃至四句偈等，受持读诵，为人演说，其福胜彼。云何为人演说，不取于相，如如不动。"你得先发"菩提心"啊！

要重现涅槃妙心，只凭中道实相观、观照止念，消除攀缘妄心等等是不可能的。一千七百则公案事实证明：没有碰到真正开悟师父的指导，你千模百拟都是鬼家活计。香严击竹而悟，就说得明明白白："一击忘所知，更不假修持；动容扬古路，不堕悄然机。处处无踪迹，声色外威仪。诸方达道者，咸言上上机。"以妄止妄绝对不能见性，开悟是不假修持的，虽然"一击忘所知"，不是一念不生啊！应该"不堕悄然机"，却是"声色外威仪"！纵然你多聪明，没有这个闪电光的瞬间爆破，无始无明仍然盘踞在如来藏识，蠢蠢欲动。

放下攀缘妄想分别心有用吗？有，我们人有理智可以区别正念妄念，虽然不是究竟，但可以让妄念、分别心渐渐淡薄，在世法上就会通畅，在佛法上讲就是前方便，等于把通往佛道路上的大石头，一个一个搬掉，路上的障碍渐渐少了。有一天，经过善知识的一棒一喝，或触机遇缘的提拔，就有"顿悟"的机会了。修学佛法，前方便不可免，但不能究竟，必须有良师的点拨才有鱼跃龙门的机缘。这位法师讲的只是前方便，不是禅门的顿法，禅师应具备接机破参的作略与手法，建立禅风，使法脉长流。

摩诃般若是佛法的核心

　　研究佛学，甚至谈禅论道的人，有一个普遍的错觉：把禅宗的禅当成禅定，所以大家都在禅堂或佛堂教导坐禅、打禅，学些四禅八定、九次第定的基本功夫，在这期间，穿插着教理的阐述，讲些《坛经》《法华经》《楞严经》的经偈，就这样称为禅观。

　　禅七是从佛七演化的，坐禅是从日本洞曹宗引入的，杂糅了经典的摘释，公案的剖析。外表上看来很有次序，也可以延长打坐的时间，对有闲、有钱的人的确管用。

　　但是，这些根本不是禅宗的禅。

　　禅宗的禅是特定的指称，是"摩诃般若"，简称般若。教界又称为自性、本心、实相、如来、涅槃妙心、菩提心、金刚心、如来藏；禅宗又称为本来面目、威音王那畔等。这些都是随顺演法中的不同名称，不把它们确定了，难免不知如何下手，而且会以为另有所指。

　　摩诃般若是什么？

　　《金刚经》从第一句开始至最后一句，都是从名称角度来说明它，因为"佛说般若波罗蜜，则非般若波罗蜜"，唯证乃知"一切诸佛及诸佛阿耨多罗三藐三菩提法，皆从此经出"。《心经》中说："三世诸佛，依般若波罗蜜多故，得阿耨多罗三藐三菩提。"

《金刚经》是法身经，是启发我们法身的，所以"当来之世，若有善男子、善女人，能于此经受持读诵，则为如来以佛智慧，悉知是人，悉见是人，皆得成就无量无边功德"。只要虔诚"受持读诵"，不加解释，自然受到法益。

般若如何研究？

《六祖坛经》就是为了开发世人般若智慧而开演的殊胜妙法，其实，六祖把《金刚经》的精神、修炼的方法、如何发挥经义等等，讲得非常详细。难怪这部《坛经》是中国所有祖师论著中被尊称为"经典"的唯一一部，其他的著作只能列为论、录、铭。例如，玄奘大师的《成唯识论》、永明延寿的《宗镜录》、三祖的《信心铭》等，可见《坛经》在法界的地位。

想研究般若、实证般若的人，一定要好好持诵《金刚经》，详细研读《坛经》，虚心谦逊地参访对这二部经研究有素的大德，并且从实践中变化气质，好好参究。

《金刚经》旨在扫除我人的法执与我执，如果边读边解释，徒然增加了法尘，毫无益处。《坛经》从大战略上启发我们的般若，用以印证《金刚经》，与一般论述不同。

例如印顺法师在《般若经讲记》中谈《金刚经》说："约修行趋果说名之为般若无所住；约望果行因说，名之为离相菩提心而已！"难道离相菩提不就是般若无所住吗？何必在因果上论列，多此一举。他又说：

> 二道，为菩萨从初发心到成佛的过程中，所分的二个阶段。从初发心，修空无我慧，到入见道，证圣位，这一阶段重在通达性空离相，所以名般若道。彻悟法性无相后，进入修道，一直到佛果，这一阶段主要为菩萨的方便度生，所以名为方便道。所以本经分明分为两段……嘉祥即曾依此义，列本经的初问初答为般若道，后问后答为方便道。此二道的分判，极好！

经师论法就是有这个毛病，嘉祥是天台宗的，他们一贯分判佛说法的阶段性与契机性，而有圆顿、非圆顿之分，这是以判教来论列《金刚经》，哪里是《金刚经》的本义呢？

《金刚经》是一部完美的天籁，从头到尾，本着诚恳无杂的心去持诵，就有相应般若的奇妙感应，因为"此经义不可思议，果报亦不可思议"。

要明白什么是般若吗？可以从《坛经》找到答案：

一、六祖夜半入五祖室，五祖为讲《金刚经》，至"应无所住而生其心"时大悟，述偈："何期自性，本来清净；

何期自性，本不生灭；何期自性，本自具足；何期自性，本无动摇；何期自性，能生万法。"有体有用。

二、惠明向六祖求法，六祖要他屏息诸缘，不生一念，在适当时机，向他一问："不思善，不思恶，正与么时，哪个是明上座本来面目？"此本来面目即般若。

三、怀让参礼六祖，询及般若智，但曰："说似一物即不中。"六祖再问："还可修证否？"让答："修证即不无，污染即不得。"六祖说："即此不污染，诸佛之所护念，汝既如是，吾亦如是。"

四、永嘉说"体即无生，了本无速"，六祖即大加赞赏。

五、一日，六祖告众曰："吾有一物，无头无尾，无名无字，无背无面。"

以上回答，完全符合《金刚经》："在在处处，若有此经，一切世间天人阿修罗所应供养，当知此处则为是塔，皆应恭敬作礼围绕，以诸华香而散其处。"因为此塔是无缝塔，自修、自证、自造。

在这里，我们特别提醒读者，般若是人人本有的，只需去发现、证实并肯决，这是禅宗"直指人心，见性成佛"的方法。六祖开宗明义："菩提自性，本来清净，但用此心，直了成佛。"那是符合佛陀的教示："众生皆有如来智慧德相，但以妄想执着，不能证得。"这是禅宗的"教外别传"，禅宗的禅就是直指的般若自性，不是禅定，不是坐禅。

教内不太了解这一点，一律主张闻思修慧。

印顺法师就是一例。他说："初学般若，应先于文教听闻、受持，以闻思慧为主。经合理的思考、明达，进而摄心以观察缘起无自性，即观照般若，以思修慧为主。如得离一切妄想戏论，现觉实现，即实相般若了。"（《金刚经讲记》，8页）他才做结论："观慧是因，实相是——非果之果，即是因得果名。"

这是天台教观的转用，为了衔接，他不得不再说："实相不是所观的，但观慧却缘相而间接地观察他；为境而引生观慧，所以也可以假说为从境——实相般若而名为般若。"这种联结是勉强的，观慧与实相如何画上等号呢？怎么不是相似般若呢？教内对这个问题避开了。

严格地说，所有的佛教经典都是文字般若，以文字般若，要能彻底明白，除非亲证了般若，所以五祖弘忍才说"不识本心，学法无益"，本心即般若。开悟见性指的是亲证了般若的心境，以这种心境去读经典，才会看到心坎里，将心而比心，走向菩提道。

未见性前，看经典似懂非懂，所谓观慧是很难完美的，是悟到相似般若而已。例如德山宣鉴本来是《金刚经》的义虎，夸称《金刚经》所示性相，唯他能评知；一旦面见龙潭崇信，却在半夜的纸烛明灭中见到本性，就把他对《金刚经》的注疏一把火烧掉了。为什么呢？没见性前，东说西说，以为非常完美；见性以后，才知道那都是戏论，说不到经典的骨髓。所以，历来祖师很少著作，恐碍人眼目，增加法尘。

现在，我们就以《心经》的"行深般若波罗蜜多时，照见五蕴皆空，度一切苦厄"这句话，将印顺法师的译文与禅宗的观点比较，就可以发现教通与宗通差异很大。

> "行深般若波罗蜜多时"，此说观自在菩萨所修的法门。智慧，是甚深的。深浅本是相对的，没有一定的标准，但此处所说的深，专指体验第一义空的智慧，不是一般凡夫所能得到的，故名为深。般若经里，弟子问佛："深奥是何义？"佛答以："空是其义，无相、无愿、不生不灭是其义。"这空、无相、无愿——即空性，不是一般人所能了达的，所以极为深奥。《十二门论》也说："大分深义，所谓空也。"（《〈般若波罗蜜多心经〉讲记》）

他把这段话当作是观自在菩萨所修的法门，是甚深的空性，一般凡夫不能得到，说了等于没说。

在禅宗来讲，我们说过般若是禅，是三世诸佛成就无上正等正觉的依据，它是普遍存在于每个人的。一个见到般若真性的人，首要的目的就是要分别什么是意识妄心，什么是真心，要践行以般若来主导我们的生命分际，不再受分别意识心的掌控。宗门称为生处（般若）转熟，熟处（意识心）转生。个人努力的程度不同，所获得的果报成就也就不同，所以说"一切贤圣，皆以无为法而有差别"，无为法就是般若。

这段话对慧解的人来讲，是很难透彻的，只能在文字捕捉字义，但对见性的行者，那是很亲切的指示。只有把般若渐渐地与生命结合在一起，全生命与全感情地投入，创造出以般若为主体的生命，自然就不会被世俗妄心等所影响，而能"照见"五蕴皆空。宗门称为"打成一片"，洞山说二十年打成一片，香严说四十年打成一片，就是这个意思。

印顺又说：

> 真实的自我不可得，故五蕴皆空。……然若以甚深智慧来观察，则知任何作用与形态，都是依关系条件而假立的，关系条件起了变化，形态也就变化了，作用也就不存在了……诸法的存在，是如幻不实的，需要在诸法的当体了知其本性是空，这才不会实有了。（《〈般若波罗蜜多心经〉讲记》）

他把"照"当作观察，观察诸法如幻，本性是空，依靠的是行人的"智慧"。因此，他把观照般若列于实相般若之前，主张渐修顿悟，但如何顿悟呢？一直没有答案。

但宗门另有一种看法。照是以般若为主宰的观照，不受识蕴的影响，所以能清楚地看到五蕴如幻如化，虽如幻如化，也能自在地把握当下，度一切苦厄。

教通与宗通都必须达到理事无二，也就是理事无碍。重点在既然理事无碍，就没有什么道理可以绕着转来转去；所谓理极必反，返于心行，这才是般若正眼与慧眼，不然难免落于佛学无有止境的演绎了。

我们无意论述个人的看法，但是佛教本来就是行门，在行中上上增进的，所谓五度还得以般若为眼呢！对般若经典的解释，甚至对所有经典的解释，没有获得般若正眼——法眼，怎么解释都是隔靴抓痒，抓不到痒处，这也是佛法和佛学的分界岭。

感到时人都想学禅，但禅是什么都搞不清楚，误为禅坐、禅修就是禅。请问"应无所住而生其心"的住和心指的是什么呢？请问《心经》为什么说摩诃般若"是诸法空相，不生不灭……无挂碍故，无有恐怖，远离颠倒梦想，究竟涅槃"？禅是绝对离不开现世生命的每一个当下的。

禅是生命学，不是学术，是我们的生命本质，是一种我们可以清清楚楚知道、可以感受到的心灵状态，所以才称为摩诃般若——广大无边的智慧。

大死一番是什么意思

从正面论述禅宗，经常有力不从心的地方，因为禅不属学术或理论架构，而是生命探索的证量，注重当事人的"悟"境，是一种很特殊的心灵变化，文字的说明受到严格的限制，也是历代证验的现量境界。语忌十成，这是禅宗留下来的规矩。

我们也发现，如果能够选择公开的案例或教材，从中逐一批判，以现代人治学的方法，从客观立场陈述，是可以获得更好的效果，这是亟待关心禅宗发展人士反思的。

下面我们引用一位当代禅师对禅的讲话，再分段讨论：

所谓大疑大悟、小疑小悟。因为大疑，这个疑团才深，小疑则疑团不深。因为不深，就不能够把我们的烦恼伏下去。如此又深又切，才能把我们身心世界完全否定，禅宗所说这个，就是大死一番，将自己及整个世界通通否定掉，身心俱捐，外面所有一切事事物物通通一脚踢开，只有当前这一念，这个就是大死一番。(《见性成佛》，13页)

照这位禅德的说法，大疑疑团才深，"才能把我们身心世界完全否定，禅宗所说这个，就是大死一番"，真是旷古奇闻。

所谓"大疑大悟"，是参公案或参禅的前提条件。我们一直强调公案用来参，不是用来解；纵然要解公案，也要有方法让学人有线索可以参，称为拈提。

参公案或参话头是参禅悟道的一种极为猛利的手段。平时意念纷飞，不能集中心力思考问题，前人发明禅坐的修习，以达到内心安定，称为止（奢摩他），然后配合教观，以达到开悟的目的，称为止观双运。

参公案或参话头，只是一个公案或话头，例如"东山水上行""庭前柏树子"或"生从何来""拖死尸的是谁"，放在心中琢磨，无法解决，愈想愈苦，终于形成一股无法释怀的困惑，让身心极为困顿，古人形容像口嚼铁馒头，吞不下去，肚子又饿得要命，真是苦啊！这就是疑团。

人陷在大疑团的时候，什么妄想都跑掉了，只剩下这苦不堪言的疑团闷在胸中。这个一念，人像要死却死不了，说得世俗点，就像失恋的人，为情所困，茶不思饭不想的，在禅宗称为"独头意识"，不是禅宗的"这个"。

疑团太深了，陷在独头意识中，自己是解不开的。这时候，有经验的师父，觑得时机成熟了，突然间的一棒一喝，一个巧妙的动作，让陷在大疑团中的人突然爆破了"独头意识"，变成"客观意识"，师父只要一句："是什么？"学人回头转脑就亲证了"这个",称为见性、破参。师家就要有这个手眼,才能活人。

诸位想想看,禅宗第一公案,慧可请达摩祖师安心,达摩说将心拿来我安,慧可反观自照,觅心不可得,其道理在此。又惠明请求六祖赐法,六祖要他屏息诸缘,然后叮咛:"不思善,不思恶,正与么时,哪个是明上座本来面目?"都是同一鼻孔出气的手眼。

参公案或参话头是有凭有据的参禅悟道方法,岂可小觑?把独头意识当作禅宗的"这个",岂不可叹!而且抱着一个大疑团称为身心俱捐,请问:那个疑团怎样消掉的?抱着大疑团怎么会是"大死一番"呢?

再举百丈与沩山灵祐,夜里师徒闲话家常,更深夜静,炉火已熄。百丈突然拿一把夹子要沩山从炉火中拨出余火。沩山拨了几下,夹不到火星就放手了。百丈却拿起火夹子,从炉火中拨出一星点带有火苗的炭,递给沩山看:"这是什么?"沩山突然爆破无明,从独头意识中跨前一步。

同样,我们也发现另一位禅德对"大死一番"的错解,那是他在解晦庵弥光参问大慧宗杲的公案:

　　怎么个死法?叫他死掉求彻悟的心,死掉怕麻烦的心,然后一心一意用方法,一心一意过日子,该怎么过就怎么过;这就死掉了攀缘心、追求心、厌恶心、忧虑

心。死了之后即能达到大安乐的地步，也就是大解脱、大自在、大悟彻底。（东初：《公案一百》，136页）

古德费尽心血创发参话头，将参禅人的多头意识束为独头意识，在机缘成熟时，或棒或喝，让学人回头转脑，而得心传，何等慈悲，何等严肃。落在这些禅德的眼睛中犹如污泥，不屑一顾，偏偏要大家死掉攀缘心……这种论调和一般心理学家有什么不同？更何况心理学家都知道，纵然要接受心理治疗或劝告，也要当事人心没死掉。他们也发现：一个执意自杀的人，通过怎样的方法诱导劝说，成效都非常低。

现在人人都想学禅、研究禅，你不给他正确的方法，开口闭口要他"一心一意用方法，一心一意过日子"，不是说：生死问题不解决，如丧考妣吗？怎么好意思要他"一心一意过日子，该怎么过就怎么过"？那禅宗的开悟、见性就不必要了，佛教或其他的宗教也不必要了。

他竟然会接着说：

> 我指导人修行，往往要求他们要有大死一番的决心，不保留任何一样自我保障的资源和凭借，认准情况，下定决心，全力以赴，大死以后才能有大活的境界出现。

最能够达到这个要求的人，我马上想到的是荆轲，不会想到悉达多太子。悉达多太子在菩提树下，不是要大死一番，绝对不是，他将所有的智力集中在一个焦点：什么是解开生死大谜的要诀？什么可以让世人在五浊恶世中找到安乐法门？

他开悟了，他清楚地告诉世人：什么是因缘法、苦集灭道、八正道……因应根器而成道。

一个人有了这种稳当的信心与实证，才真能大安乐地活下去；找不到方法，验证不到实相，要他们大死一番，死不瞑目的啊！世尊常常叮咛弟子：要如实的亲见，如实的明白，做个觉醒的人。

我们再回头看看前面提到的禅德，他对大死一番的认识是：

> 人的妄想很多，一有念就是众生，无念就是佛，只要我们能够做到无妄念、无杂念，你现在就是菩萨！所谓"菩萨清凉月，常游毕竟空，众生心水净，菩提影现中"，指的就是这一念心。我们修行就是澄清当前这一念心，澄清了以后就是一个绝对的境界。（《见性成佛》，14 页）

我们分析过了他的所谓"当前这一念心"，其实是参禅的独头意识，这个谈不上善恶，是无记，它就悬在胸中闷闷地找不到出路，像半个死人，真的有点拖着死尸却有意识的境况，那绝对不是菩萨的清凉月。笔者有《参话头初探》可供参考，兹不赘言。

最令人担心的是"一有念就是众生，无念就是佛"从何而来？如果无念是佛，那为什么教人"澄清当前这一念心"呢？这一念存在就不是无念，不是他所说的"众生"吗？

众生或我，依因缘法都是五蕴合和的当体，本是虚妄不实的；但我却因第七识不断地提取如来藏识的见分，命令第六识率领前五识而念念不息。念并没有过错，只因我执的作祟，依识不依智而轮回生死。

念是必需的，生活的过程就是念念相续，读书、研究、处理各种事务、穿衣吃饭都是念，没有人要你无念。六祖对智常禅师说："汝当一念自知非，自己灵光常显现"，在《忏悔品》中说："若欲当来觅法身，离诸法相心中洗；努力自见莫悠悠，后念忽绝一世休。"这要多费精神去体会。

六祖说过无念，《定慧品》中："我此法门从上以来，先立无念为宗……无念者，于念而无念；无住者，人之本性。"这个无念是依无住为本的，本性自净自定，本来就是无念，并不是说要我们在日常生活中无念，那是荒谬的。必须见性以后，凡百思想都以自性为主宰，不然就会落入意识思维的识网中，于念而不能无念。那也没有过错，人世间本来就是意识世界，文字作品、学术论文……丰富的智慧不都是从第七识来的吗？

佛教的深邃就在于发现那个不生不灭的菩提、般若、第八识，找回自己的心国主宰。不然连个"澄清"的辨识基础都不免出于第七识的作用，得到的是虚饰的"毕竟空"。

大死一番是牢关，古德谓"百尺竿头重进步，十方世界现全身"。得先破法执，"理须顿悟，乘悟并销"，理的极致无理可说，故《金刚经》说："知我说法，如筏喻者，法尚应舍，何况非法。"无理可说当然无一法可存。再来是破我执，五蕴非我，思想的后面没有一个我、一个众生，思想只是思想本身，"觉者是心，是心自觉，觉心不二，允称正觉"。思想的后面有个我，是哲学的范畴，故"我思故我在"，第七识在作怪，终究不能"大死一番"！到了大死一番，人无我，法无我，转识成智，投入于大圆觉海，才能常游毕竟空！

有了这个大死一番，不是去放弃所有的自我保障的资源凭借，而是能随缘度日，善用这些资源和凭借：是教授就好好扮演好教授的角色，是清洁工就自在地扮演好清洁工的角色，敦伦尽分，大做梦中佛事，迈向生命的圆满。

佛法的主旨是心灵净化，佛法心要："诸恶莫作，众善奉行，自净其意，是诸佛教。"近在咫尺，俗语不是说举头三尺有神明吗？神明就在内心里，极为浅近，但因为累劫习性难除，虽近亦远矣！不在自心上用功，驴年开悟！

见色闻声不用聋的定慧圆明

曹溪禅是定慧等持，本来就是佛法的本质，钱穆不是宗门客，但确实知道这一点。他与宗密一样，将般若与禅那合一，宗密是神会的弟子，他反对神会不明白这个要点，"唯宗无念，誓究心法"。印顺法师既然写了《中国禅宗史》，反而对这一点不明白，轻轻地点上一句话：这是惠能特有的禅，好像不是佛教共同的禅。

定慧等持，不但直接说明了禅的特质：正见与正受是一体两面；也将曹溪禅从东山禅、达摩禅向前跨了一大步，摆脱了一般的禅定作风，也一鼓作气扫掉"闻思修慧"的阶梯性，使灵山一脉在中国心性的发展上向前跨上了一大步。

定慧等持仍然是佛教的本质，一直被漠视了，反而由六祖而再生。宗密学了禅，而转向华严，以"事事无碍""理事无碍"来发挥定慧等持，这是很了不起的慧眼，因为禅是佛心宗，必然是佛教各宗派的通途。

试问：不见本性，不开悟，如何能够了解世尊的本怀？各宗各派都要能指归于开悟，不然是教门而已。

神会为六祖大张南宗宗旨，却不免又落于义海，神会一脉就没落了，正应了六祖当初的预言："汝向后有把茅盖头，也只成个知解宗徒！"

印顺法师不能重视六祖的定慧等持，令人遗憾！

定慧等持就是理事不二。华严指出一真法界，法华也说唯一一乘，无有余乘。理无碍即事无碍，即理事无碍，事事无碍。法鼓山的圣严法师却随意断得《阿含经》是理无碍法界，《维摩诘经》是理事无碍法界，只有《华严经》是事事无碍法界，随意妄断。法法无别，中边皆甜，岂有不同？况且他又说不出什么道理，对宗门之了解似在印顺法师之下，不能为禅门新机添一把灯火。

由于理事两入的不同解释，后来的钱穆也跟着错了。

昙琳说达摩之入道要门是二入四行。又说理入与行入，把四行当作行入。以后的学者就定为："心有悟，事在修"，这是符合《楞严》的"理虽顿悟，乘悟并销。事须渐除，因次第尽"的，但不是禅宗的"不立文字，教外别传"。达摩壁观，讲究"外息诸缘，内心无喘，心如墙壁，可以入道"，壁观可以视为理的延伸，但什么是"可以入道"呢？这才是禅宗的事入。《楞严经》所讲的事是悟后起修，前提是开悟见性。

初祖以安心法门启发慧可，只是三言两语的"直指"，才是禅门的指月之指，是入道要门的事入。六祖闻《金刚经》的持诵声而"心开悟解",一千七百则公案都是承着这条非常特殊的方法而延续,说神秘却有那么多人实证。一般教下或做学术研究的人,怎么猜也猜不着,怎么推论也得不出个答案。这种金刚印心的宗门胜事,才是"事入"。

《高僧传》之《菩提达摩传》:"入道多途,要唯二种,谓理、行也。借教悟宗,深信含生同一真性,客尘障故,令舍伪归真,凝住壁观,无自无他,凡圣等一,坚住不移,不随他教,与道冥合,寂然无为,名理入也。行入四行,万行同摄。"既然"坚住不移,不随他教,与道冥合,寂然无为",怎么会是"理入"呢?

对此,钱穆在《佛教之中国化》中总结:

"行入"分四行以摄万行,盖"理入"即"顿悟","行入"即"渐修"。且谢灵运当竺道生时,指点出所谓"教""理"之解,直到惠能创此南宗顿教之禅宗,始达到"理胜教"之地位。"理胜教"即"理入","教胜理"即"行入"也。此种争论,到宋儒有"性即理"与"心即理"之争。大抵主性即理,则谓有此理未必即有此行。主心即理,则即行是理,即心是性。故主性即理者必主"行入",主心即理者即主"理入"也。欲云竺道生是佛门中孟子,惠能是佛门中象山、阳明。

竺道生借教悟宗是传统的系统，惠能的事入是创新的突破。他不但将东山法门抛在后面，把达摩禅导入金刚印心；六祖禅的定慧等持是定慧圆明中透视理事不二的大圆觉海，当然是理事无碍，事事无碍的。高妙在"佛佛唯传本体，师师密付本心"的"事入"，事入即直指人心，从而一切理、一切事尽泯，钱先生之看法有误。

钱穆先生因此很笃定地在《〈六祖坛经〉大义》中说，讲佛学，应分义解、修行两大部门。其实其他学术思想，都该并重此两部门……又有人说佛教乃哲学，非宗教，此仅重义学思辨，却蔑视了信奉修行。这种看法是最标准的哲学家思想，他们容易将理归入义学的研究，而行就是修行。正合乎"理"在先，而"行"在后，他断言：

佛教来中国，中国高僧们早已不断在修行、义解两方面用功，又无意中不断地把中国传统文化渗进佛教，而使佛教中国化。惠能以前，我且举一竺道生为例。……他是第一个提倡顿悟的。所谓"顿悟"，我可简单用八个字来说，即"义由心起，法由心生"。一切义解，不在外面文字上求，都该由心中起。要把我的心和佛所说法迎合会一，如是即法即是心，心即是法。但须悟后乃有此境界，亦可谓得此境界乃始谓之悟。悟到了此境界，则佛即是我，我即是佛。信法人亦成了说法人……此后惠能一派的禅宗，正是承此"义由心起，法由心生"之八字而已。

　　稍有唯识基础的人都知道：这里的心其实就是识，它是"妄心"而非"本心"。"把我的心和佛所说法迎合会一，如是则法即是心，心即是法"，钱先生所说的佛，所说的法，是钱先生自以为的法，所以才可"迎合会一"，这是一般思想的追寻路线，因为你怎么保证你的心与佛所说的法是全等的呢？我们不是会揶揄注释家，通常只是把自己的看法强加在某某人的学说上而已吗？

　　宋明儒难免发现，"一切义解，不在外面文字上求，都该由心中起"，是因为一切理不管怎么繁花似锦，各有千秋，都是由一个简单的不起眼的种子萌生的，因此而汇归于"一"上面，而有所谓"诚""敬""主一"的结论。这多多少少是综合了禅的极简单、最直接的顿悟；兼领会了老子的"得一"思想的结果。陆九渊有句话："万法本闲，唯人自闹"，是最好的代表。难怪，钱先生会将惠能视同陆王之学了。

　　钱先生又说：

　　　　以前佛门僧众，只知着重文字，宣讲经典，老在心外兜圈子，忽略了自己根本的一颗心，直到不识一字的惠能出现，才将竺道生此一说法付之实现。……正因为竺道生之博学，使人认为其所悟乃由一切经典文字言说中悟，唯其惠能不识一字，乃能使人懂得悟不自一切经典文字言说中悟，而实由心悟，而禅宗之顿悟法乃得正式形成。

这真屈死天下读书人了，我们每个人都有颗能辨析、思维的心，才有日臻完美的未来，努力才有结果。学问岂可不重视这颗理智的心呢？

竺道生的可贵在发现《涅槃经》所讲的佛性人人本有，才能人人都有成佛的可能，这是他思路清楚、主题明确的悟，而展开了他对佛法的中心思想。因为这个明确的悟，即刻可以进入修行，修行之路才有信心。

这是竺道生的"顿悟"。

惠能所代表的禅，秉承佛教的原意，在发现并证实生命的共同本源——摩诃般若，迅即扫除所有的义理，汇归此一般若，简称本心。

两条路是不同的。竺道生是借教悟宗的代表，将繁琐的义理简括成一个焦点，在理极必反中把握那个刹那的宁静，过程类似参禅的参。

禅宗是直说、直破，并且直指的，毫无迟疑地顿入那个不可思议的宁静。禅宗祖师的风格，就展现在学者不能理极必反而陷入义理疑难中，伸手点破的"直指人心"，才有那么微妙的"顿悟"。出现的奇妙感受，就像闪电光的刹那变化，这才是禅宗的"顿悟"，又称指月的"指"，指与月合并。

虽然说"直指人心"，还必须当事人能够"回心返照"，才是向上一条路。如果只在闪电光中抓住了识心，则又落入理学家的路子了。而禅宗的悟后迷，就是虽见本心，但不会返"照"，只是好梦一场，终是风尘客。

宋明理学家利用禅宗的参禅精神，在打坐宁心中追索心中的困扰，在至理无理、反归平静中，把老子的"得一"与佛教的"禅定"配合，一拍之下，跳下坐榻，欣然无疑地走向"为万世开太平"的道学。这一条路，研究理学的人不能不知，也不能不去实践，没有实践只是"道学"，而不是"理学"，理学家就是有这么可爱的经验啊！

既然"讲佛学，应分义解、修行两大部门"，钱穆先生对修行的认知如何？他说来说去，还是这颗人人都有的意识心，"此前佛门僧众，只知着重文字，宣讲经典，老在心外兜圈子，忽略了自己根本的一颗心"。以前的人"所悟是由一切经典文字言说中悟，唯其惠能不识一字，乃能使人懂得悟不由一切经典文字言说中悟，而实由心悟"。

我们前篇指出，一切的经典文字都是人类智慧的结晶，都是由心悟的，由心的理解、分析、判断而得的结论，我们研究经典，当然可寻迹而得其心之理，怎么可以说悟非由文字呢？

　　根本的问题，是禅宗的禅是生命学，活生生的生命真实面貌，有别于人类所认知的生物分子理论。而一般人，包括钱穆先生及绝大部分的教下大德，都把这颗杂乱的心当作生命的主题，这是认知上的根本差异。

　　这个问题暂且搁下。钱穆先生认为这个悟与心有关，如何修证呢？我们可以从他所认知的"修"，把握他所认知的"悟"。

　　惠能听人念《金刚经》心便开悟，钱先生认为"此悟正由心领会，不借旁门"，之后惠能辞母北上五祖寺。"他听到其人诵《金刚经》时是初悟，此后花了三十余天光阴，从广东到黄梅。试问：在此一路上，那时他心境又如何？他自然是提着满心希望和最高信心而前去，这种长途跋涉的艰苦情况，无疑是难能可贵的……实有他的一番'修'，此是真实的心修。"

　　到了黄梅，一番言语交锋，五祖弘忍识得惠能是个禅才，也不予点破，只叫槽厂舂米。钱先生下个结论："当知这正与他三十余天，一路前来时的内心修行有大关系，……他那时的心境，早比广东初闻人诵《金刚经》时，又进了一大步。此是他进一步之'悟'。""五祖叫他做此杂工，便正是叫他'修'，也便是做佛正法啊。"舂米八个月提出一首见性偈，"我们当知，此'本来无一物'五字，正指心中无一物言，这是他在磨坊中八个月磨米磨出来的。只此一颗清清净净的心，没有不快乐，没有杂念，没有滓渣，没有尘埃，何处再要拂拭？……此时则已是惠能到家之'悟'了"。

以上引用钱先生在《〈六祖坛经〉大义》一文的见解，相信大家一律似懂非懂。他认为心是悟之本，这颗心又如何深化到"本来无一物"呢？什么叫作"没有滓渣，没有尘埃"呢？他完全没有交代，没有脉络可寻。从闻经而理会、初悟，到"悟"，是修什么心的结果呢？是当初理会得的心境呢？还是在舂米过程体会到的"本来无一物"呢？这是一连串没有来由的结论。

禅宗的顿悟是有主题的，有心境的变化的，有明确的觉受的。所谓修行，只不过把阻碍这种心境出现的一切渐渐消掉，所以顿悟是真空妙有的"妙有"，这是法的重心，舍此皆是戏论。三藏十二部都在提醒人们亲证这个"妙有"，这样修行才有明显的目标。

当代很多人禅修，都不知道"这个"，也不知道"悟后起修"的标的，甚至根本就不知道悟后要起修，当然对修行茫然无措。

一般人只知"万法尽在自心"，但"何不从自心，顿见真如本性"，清清楚楚把本心、妄心分滤出来，所以六祖在《坛经·般若品》中才说：

若起正真般若观照，一刹那间，妄念俱灭。若识自性，一悟即至佛地。

善知识！智慧观照，内外明彻，识自本心。若识本心，即本解脱；若得解脱，即是般若三昧。

禅不属认知，是生命本体的觉醒。儒者既有济世救人之心，尤其应该屈尊参访，以得正法，从而展开崭新的生命之旅。

钱先生之修行，显然与禅宗的修行不同也！

烦恼即菩提

要研究禅宗，要想明心见性，《金刚经》与《六祖坛经》非详细精读不可。你说要明白见性，要开悟，那就必须依据这两部经典来印证。如你偏要以密宗的论典来说禅，那是南辕北辙啊！

没有错，你想对禅道有基本的认识，那就建议从《楞伽经》《大乘起信论》开始，渐及《维摩诘经》《圆觉经》《法华经》及《楞严经》，然后再涉祖师语录、灯录。

如果要求简约，建议你把耕云老师的《安祥集》配合《六祖坛经》一起详读，就可以读出真味，这是千载难逢的机缘，真实不虚的实证经验。

禅门是行门，不是解门。知得的要化为行动，阳明先生从此悟入，才有"知行合一"的创见。从实践中体会正见，从正见中深刻正受。

《坛经》的每句话，精读后化为行为，行为的验证可以加深正受。没有正受的慧解脱，是义理的文字禅，不是剔起便行的六祖禅，这个分际很重要。

"烦恼即菩提"这句最常被人引用,但识得真趣的很少。一般人习惯于文字的慧解,以为碰到烦恼,只要提起智慧来解决,解决了烦恼就是智慧,就是菩提;解决不了呢?反正烦恼与智慧不二,就放下吧!坊间就是这个味道,碰到问题、分析问题、解决问题,解决了没有问题,解决不了问题就放下它,等以后再解决,不然就忘记它。

这是理性的"烦恼即菩提",客观而冷静的面对问题,是一种积极的心理倾向,公认解决问题之好方法。这样养成健康的心态,建立的理智让人生通畅。

以下是一位禅师的见解:

> 烦恼即菩提,此句出自《六祖坛经》……六祖惠能将这句话做了引申:"前念着境即烦恼,后念离境即菩提。"大意是,前念如果执着境界,对所面临的环境产生好或坏、有或无等等反应,那就是烦恼;如果念头一转,下一念离开前所产生的种种分别、执着、计较,这就是智慧。(《公案一百》)

这段话是标准的世法,不背常情、常理的话,人人听得懂;但是佛法虽然不离世法,却有"向上一路"要提升的;这些见解毕竟不是六祖的真义。

我们现在把前念、后念改为一念,那么六祖那段话就变

97

成："一念着境即烦恼，一念离境即菩提"，就更清楚地说明这位禅师的批注，他把前念、后念解释做一念了。如果我们再引申："念念着境即烦恼，念念离境即菩提"，破绽就出现了。我们日常生活念念不停，稍不注意，或心力稍微不振，就不断地陷在烦恼与菩提挣扎之中不能自拔了。

他知道这样的解释不完满，所以他又补充：

> 乍听之下，似乎离开烦恼就可得到菩提；其实，烦恼和菩提并无不同。这些都是心的作用。如果心中有计较的念头，那就是烦恼；如果心中没有计较的念头，但仍然活动，照样起作用，这就是菩提。（《公案一百》）

这是标准的唯心论，是心理学、哲学的范畴，如果运用不当，就会产生非常可怕的结果。他在这句的后面，说出的话是非常可怕的：

> 有智慧的人，随时随地过得轻松自在；有智慧的人，即使强敌当前也不会感到恐惧。有力量战斗就勇往直前，如果被逼到死路，不战也得死，此时智者既不会恐惧，也不会烦恼，因为，既然非死不可的时候到了，恐惧也没有用。这里有两个重点：第一，世界上没有一件不得了的事；第二，世界上没有非我不可、非你不可

98

的事。(《公案一百》)

这是多么令人不可思议的结论啊！20世纪的殷鉴不远啊！希特勒德意志人最优秀说、日本大和意识优越论、宗教的基本教义派……哪一个不是这种强烈的唯心论，不容别人的意识形态所引起的浩劫？

他严重地曲解了六祖的智慧！

烦恼即菩提不是这么解释的。

没有错，"前念着境即烦恼，后念离境即菩提"，是"烦恼即菩提"的最佳注释。问题是：大家把前念、后念解释错了，大家把前念、后念解释为一念或念念。于是有些人发现这点，便解释为："后念忽然悟得离境之心时，即是证得菩提"，这个解释是比较恰当的解释，也合乎理趣，但绝非六祖前念后念的本意。

"烦恼即菩提"出自《坛经·般若品》：

　　善知识！凡夫即佛，烦恼即菩提。前念迷即凡夫，后念悟即佛；前念着境即烦恼，后念离境即菩提。

"凡夫即佛，烦恼即菩提"是大前提，标示总论：人人都有佛性、觉性，都可成佛。后面两句："前念迷即凡夫，后念悟即佛；前念着境即烦恼，后念离境即菩提。"则是用

99

来说明大前提的。

《坛经》的"前念、后念",不能依一般文字解释;《定慧品》有这样的提示:"念念之中,不思前境,若前念、今念、后念,念念相续不断,名为系缚。"一个禅行者当然本于"一行三昧"与"一相三昧"中,才能"用自真如性,以智慧观照,于一切法不取不舍,即是见性成佛道"。以无住本而为无念行。

如果没有般若智行,说烦恼即菩提,是二乘见解。

《护法品》薛简问六祖:"明喻智慧,暗喻烦恼;修道之人倘不以智慧照破烦恼,无始生死凭何出离?"六祖下了个解答:

> 烦恼即菩提,无二无别。若以智慧照破烦恼者,此是二乘见解。……实性者,处凡愚而不灭,在贤圣而不增,住烦恼而不乱,居禅定而不寂,不断不常,不来不去……常住不迁,名之曰道。(《坛经·护法品》)

诸位啊!六祖所说的不二是实性,是菩提、自性。一般人都忽略掉了。难怪,这位禅师在《默照》一书中,妄自曲解了洞山大师的偏正:

> 洞曹宗以"偏正"二字形容烦恼即菩提,二者相即

不相离。由于修证功夫有深浅，而以偏正二字组成五位：（一）见性名为正中偏；（二）烦恼薄名为偏中正；（三）烦恼伏名为正中来；（四）烦恼断名为兼中至；（五）烦恼即菩提名为兼中到。

看过这种解释，不能不令人摇头叹息。洞山的偏正回互是理事两般的运用，强调学人如何保任、管带不落于就理入事、舍事入理，一片婆心（见文末附注）。用来接机，开导学人的方法，设想周到，处处慈悲，让洞曹宗血脉长流。如果像这位法师这样解释，早就断送洞曹宗了。

前念后念如何解读呢？

前念不生即心，后念不灭即佛；成一切相即心，离一切相即佛。……听吾偈曰：即心名慧，即佛乃定；定慧等持，意中清净。（《坛经·机缘品》）

先师关注弟子误解经意，特别在《观潮随笔·刹那》中提示：

六祖大师说："前念不生即心，后念不灭即佛。"你道前念、后念是同是别？若还囫囵吞下，轻忽带过，未免辜负深恩。能谛信"即心即佛"，便知前念后念，总归无念，本不生，何有灭；既不灭，何由生？唯"无生"非是沉空守寂，"不灭"非是想念恒持，而是"刹那无有生相，刹那无有灭相"的本心原貌。

《坛经》随着禅人的心态而领悟境界不同，只有即知即行，即行即知，正见与正受相激相荡，才会有"真味"，而得"真趣"，臻于"真机"。"若自不悟，须觅大善知识解最上乘法者，直示正路。是善知识有大因缘，所谓'化导令得见性'，一切善法，因善知识能发起故。"闭门造车恐不合轨辙！

　　附注：洞山良价的《五位君臣颂》见于《指月录·卷十六》：正中偏——三更初夜月明前，莫怪相逢不相识，隐隐犹怀旧日嫌。偏中正——失晓老婆逢古镜，分明觌面别无真，休更迷头犹认影。正中来——无中有路隔尘埃，但能不触当今讳，也胜前朝断舌才。兼中至——两刃交锋不须避，好手犹如火里莲，宛然自有冲天志。兼中到——不落有无谁敢和，人人尽欲出常流，折合还归炭里坐。他的弟子曹山本寂说："正位即空界，本来无物，偏位即色界，有万象形。正中偏者背理就事，偏中正者，舍事入理。兼带者，冥应象缘，不堕诸有，非染非净，非正非偏。"续说："君为正位，臣为偏位，臣向君是偏中正，君视见臣是正中偏，君臣

102

道合是兼带语……"再注："以君臣偏正言者，不欲犯中……学者先须识自宗，莫将真际杂顽空……"着重在保任，时时避免顽空，偏于理或事，自我检点，免犯稼穑，似与烦恼即菩提之旨趣无关。

修行是心灵改造工程

悟后起修是由因趋果的一段心路历程。这个悟是见性，见到生命的属性，打开心窗，让纯生命觉醒。所以修行是修正思想行为，修正五蕴的操纵，转识成智的过程。

悟后起修决定了是否开悟，开悟就是打开心窗，打开自己的心窗，让般若的光芒绽现。有些人肆谈一悟即至佛地，可即身成佛，那是不可能的事。世尊菩提树下大悟，也需保任涵养，一部《金刚经》写得很清楚，渐渐趋向"常乐我净"的涅槃境界。

六祖惠能大师受五祖衣钵，隐于四会十五年，也是在保任涵养，绝对没有一悟即至佛地。因为修行是转识成智的过程，是转凡成圣的历练，因为"凡所有相皆是虚妄，若见诸相非相，则见如来"，那是一段艰困的心灵改造工程。

讲悟后修行讲得愈细致、愈诚恳的，那必定是开悟的，你可以放心跟他学；如果谈玄说理，不出一般座右铭或心理学范畴的，那是好人，但非禅宗的禅师。但话又说回来，座右铭与心理学对初阶的人是有帮助的，不可轻视，因为好人是圣人的基础。

停留在初阶的仍难逃三界的羁绊，仅得人天果报，也是天人所喜欢的，不可轻视，但要不滞途不前才好。

悟后起修，以《六祖坛经》《证道歌》《圆悟心要》《中峰语录》讲得最好，必须研读；若论细节，《大智度论》有明确引导，巨细靡遗；愚竭力推荐《安祥禅》集谈悟后起修，篇幅占全集一半以上。可见先师对修行的重视与修行经验的丰富，不研读实在可惜，不但可惜，大概再找不到更好的典范了。

先师开宗明义："佛法是心灵救济法门，不贵知解，只贵心态……人能在生老病死中免于烦恼、痛苦与恐惧，全靠心灵的状态；人所以不同，乃由于心理状态各不相同。"这是本于"即心即佛，即佛即心"的延伸。

学禅，先要养成这股节操——"其中违反佛法之反因果律迷信部分必须扬弃，庶免少智之流，迷信命运，求佛赐福而坐待洪运，流于颓废，则反成愚民之精神鸦片烟矣！"养成自成佛道的刚毅精神。六祖予人最亲切之处，端在"一念自知非"则"自己灵光常显现"。六祖也劝人："常见自己过，莫见他人非"，这要从第七末那耶识上给一刀，常能体会并身体力行。

先师以身作则，常言："任何人只要他最会苛求别人，原谅自己，他就不再能得到上天的宽恕和别人的原谅。倘使他不肯放松自己，便很容易受到人们的尊敬了。"因此，写了一份自我告白，将毕生的贪嗔痴条列出，裸呈在弟子面前，感人肺腑。

他经常说："你以为我从来没有犯过错误或罪恶吗？不然！我只是不甘沉陷，不肯原谅自己，而从污池里爬出来而已，否则就是哀莫大于心死了！"

反省改过，首重观心，打坐如果不是为了反省，冥心息念如果没有正确的教观指导是很危险的，还不如静心反省来得实际。

先师提醒弟子："人的大错，人的迷失，多半是由于不自觉。观心法门就是让人由不自觉而念起即觉。观到纯熟时，自然会发现念本是无，进而了知念本无念，则可以无念而念矣。所谓念而无念，即'长空不碍白云飞'。"

无念心体是与大宇宙联合的必要条件，也是生命升华的面貌。《零极限》这本书，他们借由意识归零，而获得生命的大爱，以自他转换法作为治疗疾病的方法，这在藏密本来就有的。可是，这是小格局的宇宙联合。印度瑜伽派的学者，也有一套获致与真如相应的方法，稍嫌着相而机械式。

但是佛法不只如此而已，它在斩断命根，粉碎自我意识，以及由此延伸的一切纠缠，借由实证真如回归大圆觉海，发射同化力与亲和力，尽虚空界（整个宇宙）为生命之磁场，无有时空的局限，何等的宽广！

修行永无止境，如《易经》："天行健，君子以自强不息。"且慢说大彻大悟！先把生活的修行与生命的修行分清楚。生活的修行在获得生活的安乐，生命的修行在回归大宇宙的怀抱；前者涉及哲学、心理学与工作学，后者在创造净土，辟建大同世界，不可等量齐观。

修行有进程

修行是思想行为的改变，与无垢心光的增长，表征就是谦虚和真诚。《易经》千变万化，终归于当人的心，而心最可贵的就是谦虚、真诚，谦卦最高，无出其右。学卦耗财损神，还不如养谦。

第一，真正开悟的人一定要你研究《金刚经》《坛经》。中华禅源于这两部经，不尊重这两部经，绝对不是禅宗子弟，这是学禅不诚，不诚无物。譬如有人说默照禅是高级禅，我们只要问他：是根据《金刚经》《坛经》哪个说法而来？有人说不懂唯识学就不懂禅，那请问：是根据这两部经的哪些法语？

第二，一个开悟的人，会把他最重要的修行历程与人分享。修行是一步一脚印的，不是凌空驾虚的，要把我们的缺点点滴滴找出来改过，是一鞭一条痕的心路历程。正如《金刚经》所讲的："我于往昔节节肢解时，若有我相、人相、众生相、寿者相，应生嗔恨。"习性根深蒂固，又有个人主观的价值系统支撑，要逐一反省改过，真是节节肢解，割肉剜疮啊！绝对没有不经修行而大彻大悟的。

每一个真正的修行人都有一部斑斑日记，刻画着他们发觉错误、挖掘根株的心路历程。因此，弟子们有没有真正的修行一目了然。真正的修行人一定会真诚地旁敲侧击提醒他，甚至将自己修行的经历毫无掩盖地提供参考。

没有修行经验的人讲的是天马行空的虚语。

第三，真正的修行这时才会开始。把自己变矮了才会增高别人的身影，营销学有句名言：顾客至上。营销人员要懂得折腰，矮顾客一截，把自己的身影放低。修行到这个点，自他不二才会出现的。有一次带着孙儿上公园，碰到一个不相识的长者，向我说："辛苦你了，你为保障我的退休金照顾未来的纳税人，真的谢谢你。"心有戚戚焉。

佛法在世间，不离世间觉，就是从自他不二开始的。有了自他的分别，无形中把自己从人群中隔离起来了，我们的心灵也孤零零了，心智也扭曲了。

自他不二要进入"凡所有相皆是虚妄"，其关键在男女相，"非男女相，离男女相，即相离相，永除诸障"。

自他不二让我们的眼界打开了，心灵的领域拓宽了，那才是悟的开始；看到的一切都那么熟悉，共同在演奏一曲天籁，那么和谐，那么豁达，生命之歌原来那样的美妙啊！

第四，他会把"佛法"忘得一干二净，把积学忘得一干二净，空空洞洞像个活死人，任何事情都无开口分。那就是《坛经》所讲的三昧："一行三昧"与"一相三昧"，行住坐卧都是禅。禅指的是无执禅定：没有我执，没有法执，憨憨地像农夫。

世事如幻、世事如梦，那种朦朦胧胧，就是《牧牛图颂》中的："返本还源已费功，争如直下似盲聋，庵中不见庵前物，水自茫茫花自红。"《证道歌》也说："亦无人，亦无佛，大千沙界海中沤，过往圣贤如电拂！"

进一步，就是先师耕云所警示的：

> 我们应该像庄子讲的至人用心若镜，不管什么东西来了很清楚，去了不留丝毫痕迹（绝不会留影为念）。有句诗形容得很好：事如春梦了无痕。古德也说：若片云点太虚。（《牛的礼赞》，《安祥禅》第一集）

一般人以为打坐是修行，殊不知六祖骂他们："生来坐不卧，死去卧不坐，一具臭骨头，何为立功课？"因为真正开悟的人，已经致虚极，所谓"空手把锄头，步行骑水牛，人从桥上过，桥流水不流"，身来身去本三昧，非擅讲究打坐人的境界。

近来有人说打坐是修行，甚至妄言世尊每日打坐，称为果上修行。请问：一千七百则公案，哪个是打坐时开悟的？请问：世尊每日修行，根据哪部经典？信口谈佛，佛道不衰，难哉！难哉！再请问：诸山长老，哪位可以每日打坐？擅于打坐的印顺法师，请问年纪大了以后，何曾打坐？打坐是修行，根据何在？

禅宗的禅定：定慧等持

《摩诃般若是佛法的核心》一文，指出禅就是摩诃般若，非禅坐、打禅七；另一个教内无法明白的是禅定。教内的禅定是戒定慧的定，由戒生定，由定生慧，那是禅定配合教观的。

禅宗以见性为主，未见性前略为前修行，即加行。必得见性才进入禅宗的禅境。如何见性即禅宗的参禅，此不赘言。

见性之后，何谓禅定？

> 外离相为禅，内不乱为定；外若着相，内心即乱，外若离相，心即不乱。本性自净自定，只为见境思境即乱，若见诸境心不乱者，是真定也。（《坛经》）

既然"外离相为禅，内不乱为定"，禅定是活泼泼的形诸四威仪的，符合"行住坐卧都是禅"了。所以六祖又说：

> 此门坐禅，元不着心，亦不着净，亦不是不动……若修不动者，但见一切人时，不见人之是非善恶过患，

即是自性不动。(《坛经》)

六祖禅风显然走出五祖的"看心、看净"的坐禅了。这是禅宗的特色，一律符合"佛法在世间，不离世间觉"的本旨，禅不但是生活化的灵动，也是生命的跃动，在自觉光明中走出了神秘的色彩。

后代不明白禅宗的禅定，还有些大做"坐禅机""坐禅铭"那类的主张，很明显地违反了曹溪的禅法。

最重要的是六祖提出定慧等持，向来教内很少人体认到它的真义，那是因为"戒定慧"的刻板印象，限制了他们的思考方向。其实，佛陀在菩提树下大悟之前，如果没有牧羊女弹琴唱到琴弦不能太松也不能太紧的启示，他的心灵也无法放松；这一放松，让他的思考丰富起来，才从中道中领悟缘起法。任何行动思维，拘束了身体是自我捆绑，放松的行动思维，反而可以激发内心的灵感。

六祖以自己的经验，提出定慧的内容是：

> 我此法门以定慧为本。大众勿迷，言定慧别。定慧一体，不是二；定是慧体，慧是定用，即慧之时定在慧，即定之时慧在定。若识此义，即是定慧等学。诸学道人，莫言先定发慧，先慧发定各别，作此见者，法有二相。(《定慧品》)

这部分将四祖"一行三昧"加以进一步地发挥，教内称为正见和正受。正见的极处无理可说，内心自然呈现无可名状的正受；有了正受，就可以反过来加强正见，而不入戏论。

在《华严经》讲法界，即理无碍与事无碍，是同等的道理，不是说理无碍在先，事无碍在后的。因为"行到水穷处，坐看云起时"，至理无言，大道无名，自然是理事无碍，事事无碍，这样才符合"一真法界"的实相。所以六祖才说：

> 善知识！真如自性起念，六根虽有见闻觉知，不染万境，而真性常自在，故经云："善能分别诸法相，于第一义而不动。"（《定慧品》）

很多禅师不明白这个道理，就怀疑：打坐时一切觉得好好的，可是一起坐，这个定境不能保持，必须等待再次打坐，才又找回定境，这样把生活和打坐打成二截，打坐是禅，离座是慧？后来，为了自圆其说，又说必须找到空性，把自己和自然合而为一，称为大彻大悟。他们根本不了解禅是般若，所谓大彻大悟其实是无漏的般若境界，《心经》讲得明明白白，一字不漏。六祖用"定慧等持"做批注，既亲切又容易体会。

先师亦于《观潮随笔》谈及《禅之定》，有人问禅是否有定，先师耕云回答：

禅乃佛心宗，通称禅宗或心宗，宗门禅或祖师禅，为心心相传之佛法心髓；得其法者，定慧圆明，入其门者，言语道断；乃释尊本心，是佛法源头。故义无不赅，而体无不遍。义无不赅，故无可建立，但有所举，悉予扬弃，贵免挂漏之失，……若能顿悟"圆宗"，便与诸佛同证，诸圣同心，含灵同体，既无动摇，奚用"定"为？

虽然，甚深般若难证，但《金刚经》也说："一切有为法，如梦幻泡影，如露亦如电，应作如是观。"定慧双持之下，自然现观如梦如幻，至少，走上街道，虽然车水马龙，人声嘈杂，就行者来说，也仿如置于清静之所，"常独行，常独步，达者同游涅槃路"，这是多么惬意的"离执禅定"啊！

附注：印顺法师于《中国禅宗史》（347页）曾言："曹溪门下所传的，是般若相应的禅，定慧不二的禅，无所取着的禅。以此为'禅'的定义（曹溪门下自己的定义），所以对入定出定，内照外照，住心看净等，采取否定的立场。"前半段是对了，后半段证明一般论师仍然拘泥于出定入定的格局，与婆罗门教有何差异？有部分人士主张见性后还要学四禅八定，学神通，广增一切种智与差别智等，似乎是"两岸猿声啼不住，轻舟已过万重山"矣！

禅与我们内心同在

禅宗本来就是人类最重要的文化瑰宝，通过比较透明的方式去认识，应该可以获得很大的成果。但是，从南宋至今，每况愈下，尤其清代以后，禅宗法脉奄奄一息，最主要是缺乏真参实悟的禅师，也没有正确的禅风，这是关心禅宗的每个人都应该警惕的。

首先，我们怎样判断这一位禅师是否开悟？

若开悟他会很诚恳地说明求法的艰困过程，在无法突破这个境界的时候，碰到某个师父，或阅读某部经典，让他的疑团——生死解脱，层层地裹住身心，在极端痛苦茫然中如何爆破无明，要说得清楚。

见性之际，心的领受非常特别，也许会作一首偈来描述，也许运用某些动作来表达，共同的表达内涵是现量境界，明眼人一看便知，假作不了。

如虚云和尚的见道过程，讲得非常清楚：他立誓朝拜五台，经历各种磨炼，后来几乎被风雪困死，幸被化身乞丐的文吉相救，并且逗机向上一路。最后在高旻寺专心办禅，一心不散，志工循例倒茶，不慎溢杯而烫到手，茶杯一松落地，砰然声响，打破一心不散，而在"响声明历历"中"虚空粉碎也"。整个情节完整而明确，历时八年，交代得非常恳切，这是真悟。

有些人捉空扪响，以为"杯子落地"就是全身放下，所以悟道，足以证明这些解公案的没有参禅悟道的经验，只在文字上做功夫而已。

开悟见性是因地佛，不是果地佛，从此步入真正的修行道路，即悟后起修，这段修行才是成佛的过程。说得愈深邃、愈明白，证明他见道愈深；说不出内涵，可以明白他们滞于半途，只是空梦一场。有些大德，动辄称某人大彻大悟，更证明他不懂得悟后修行的重要，这些人都是八股禅师，并非真见道。

修行后立志接人，必定会建立门风，门风是曲指或直指，是次第或直说，马上看出是否真为禅门子弟。坦白说，真正的禅风已经消失了，有些人虽有见地，门风稍显曲指，已经不容易，在末法时代，也堪重视。

说了一大堆，现在引证当代的一个有名望的禅师，看看他的见地及禅风，逐条分析，可探明当代禅风的衰微情况，让有心人奋志磨剑，重振禅风：

　　"中道实相观"乃禅宗修行之最究竟法门，其余

"数息"与"参话头"皆只是方便。"中道"者，不落是非、成败、苦乐、欣厌、得失、取舍之二边境界。唯有当到如如不动，了了分明，实实在在之一念，称为"实相"。吾人若以了知"即心即佛，全妄即真"之理，无论行住坐卧保持无念、无住、无为之心性，等到定慧功深，因缘成熟时，便可豁破无明，亲证真如法身，最后无明漏尽，究竟圆满成佛种智。（《见性成佛》，4页）

他认为"当前如如不动，了了分明，实实在在之一念称为'实相'"。对于一念，我们曾引用《坛经》说得非常清楚，此不赘言。但实相是什么呢？实相就是般若、自性，名异实同。实相就是禅宗通称的"本来面目"，它的真实体貌，《心经》说得丝丝入扣。

禅宗的直指，直指此实相，此摩诃般若，不是别的。见性即亲证这个实相。所谓"中道"，不落是非、成败等相对观念，是实相的一个特性，无中道不能显实相，实相是中道，是实相所显现的功德，不用修行，不要加减，只要"直指"就好了。直指此实相，要我们去肯决这个实相。

所谓修行，在禅宗指的是亲证了这个实相以后，主要的是把非实相的部分，非"本来面目"的部分，让它们不要当家做主，一切由实相来主宰心国。洞山良价说"臣奉于君"，君是实相，臣是我们的思想行为。

平常我们以为知识学问、经验观念就是主人，才有所谓"知识即学问"，现在亲证了实相，才知道妄心妄相是什么，才不会盲修瞎炼。禅门说："不识本心，学法无益。"就是这个道理，这里不能不辨。

所谓"观"是"教观"，毗婆舍那。教下研究经典，此止观为心要。"止"是舍摩他，止于一念，将杂乱的心集中到一个焦点，心力才能集中，就是"止"，是静定。数息通常是"止"门的入门功课。心力集中，要将理智放在"教观"上，例如无常观：诸行无常、诸法无我；又有不净观：观身不净；梦幻观：一切有为法，如梦幻泡影。各家的"止观"不仅有"止"，又有"教观"。只有"止"没有"观"，是心力集中的训练，管束身心的方法，有了"教观"，才能进窥佛法。现代人做学问，当然要有"止观"的训练较好，但是现代人喜欢打坐的训练，以管束身心的不安，若不做非分妄想，此法门不错。

禅宗与教下不同，是"直指人心，见性成佛"，没有"教观"的必要，连打坐观照都可有可无。因此所谓"'中道实相观'乃禅宗修行之最究竟法门"是不通的，与禅宗的宗风完全背道而驰。勉强讲，可做中道观，但那是悟后起修的方法。

一句话竟犯了这么多错误，真令人惊讶。

他又说"'数息'与'参话头'皆只是方便"，不知他如何诠释？数息是"止观"法门的入阶方法，连智者大师的

118

天台止观也不敢漠视。请问教下有什么门派不需要"止观"的？他主张"中道实相观"，前提就是"止"的训练。"止"又必须自数息做起，环环相扣，不可缺少。

尤其参话头，那是参禅悟道的一个非常猛利的方法。自南宋大慧宗杲举扬以来，一直到现在，绝大部分的禅者都依赖了这个方法而开悟，功德至大，绝对比"中道实相观"符合宗门宗旨。

虚云和尚就是依靠参话头而开悟的，他深信现在这个末法时代，唯有这个方法才是破参的方法。问题是现代的禅德连什么是"参话头"都不知道了，更别说指导学人了。

有些不懂禅宗的人，甚至率然称为"话头禅"，与"默照禅"并列，连禅与参禅都混淆不明了，才会又说什么"默照禅"是高级禅的笑话。"默照"或"参话头"都是参禅的方法，而且历代证明："参话头"高于"默照"，各种灯录可以证明。

这位禅师还说："所谓大疑大悟、小疑小悟。因为大疑，这个疑团才深，小疑则疑团不深……如此又深又切，才能把我们身心世界完全否定。"这是参话头的好处，怎么又批评起参话头了呢？这是认识不清，胸无成竹的证明。

他又说："吾人若了知'即心即佛，全妄即真'之理，无论行住坐卧保持无念、无住、无为之心性，等到定慧功深，因缘成熟时，便可豁破无明。"看来似乎很正确，错误

119

还是不少。

"即心即佛"，要知道此心是哪个心，如果是那个不落成败、是非之心，仍然是妄心，那是意识判断的结果。六祖告诉我们的是"繁兴永处那伽定"，要证得实相的心性，不能只是了知，或者明其理，那就不能进入"那伽定"，不可能定慧圆明，只能用心费力地去"不落"相对，那怎么能在世间敦伦尽分地扮演好该有的角色呢？

这位大德对禅门的"直指人心，见性成佛"经验缺缺，才下得这样的结论。禅门大德都是经教的义虎，娴熟经义，只是欠了见性的一招，所以要放下尊严、面子，到处参访，承受棒喝。

伟大的禅师接人逗机，心狠手辣。像六祖对惠明说："不思善，不思恶，哪个是明上座本来面目？"那是直说无讳！临济向黄檗祖师问："如何是佛法的大意？"黄檗马上下棒，让临济毫无回避，这是直指！无业和尚向道一问禅，道一说："你佛学知识太丰富了，讨论起来费时又费力。选一个心平气和的时段再谈吧！"无业礼辞下阶，道一向他急呼："无业！"无业回首，道一向他说："是什么？"无业就开悟了，这是直破无隐。

禅师应用各种方法，直指、直说、直破！或者无言显有言——俱胝竖指；有言显无言——庭前柏树子，手段千奇百怪，异乎常情，但是当下开悟，多么明快，还要什么

"观"？一落观，就是次第禅，不是宗门禅。

见性而明心，才知道"即心即佛"，至于"全妄即真"，那太高攀了，非得等觉地位，不敢如此下笔。不像某禅师还敢分析世尊见道之内容，岂不见唯佛与佛能究竟。此句话，恕不慧封口为妙。

不悟言悟是大妄语；不懂禅而推行禅，这是断人慧命。今日民智大开，禅道应该接受公评公论，多少应步入学术研究范畴，不然终究是神秘学，不学也罢！

最后，要诚恳地说：神就在我们的心中，是一句最普遍的箴言。有了神，我们内心就感到温馨、感恩与喜悦。禅就是你的神，与生命同在，相信内心安祥的地方，就是你的神之殿堂，这是真实不虚的！

觉是生命基础

佛教正觉同修会游正光先生著《眼见佛性》，对先师耕云老师有段批评：

> 耕云居士和慧广法师一样，都是以离念灵知心为真心，亦是佛所说心外求法之人，所以慧广引为知音而拿来做奥援，都是同一类常见外道见。
>
> 譬如耕云居士于 1988 年 10 月 30 日台北市师范大学所讲述的"不二法门"，今节录部分内容如下："什么是安祥的心态？我说话你听得清清楚楚，我不说你也不说时，内心历历明明、明明历历，空空朗朗、没有妄想、没有烦恼、没有过去、没有未来，是'一念不生全体现'的甚深安祥心态。安祥是法的正受、法的现量，除了安祥以外，任你见个什么，统名邪见，不管你有任何觉受，都是恶觉受。"而他所说的"内心历历明明……没有过去、没有未来"，其实正是不离能所，正是意识心所摄，非是真心，违背《大集经》的"无觉无

观是名心性"之正理。既然真心离诸觉观，不于六尘取相，亦不分别，如何会有"内心历历明明、明明历历"的能观与所观存在呢？

首先，我们要厘清的，什么是禅宗的禅？

禅是佛心，教是佛口，众人皆知。有的人说是如来藏、实相心，或称真如、本心等等。我们的定义非常清楚：

> 禅是穷理尽性之学……真实的都是原本的，原本既没有银河系，当然也没有地球。道理从哪里来呢？道理从人来，没有人哪里有什么道理啊！……禅学不是哲学家讲的哲学……哲学从哪里来？一切理、一切事的源头是什么？要追溯到一切理、一切事的根源，找到根源以后，就是真理之王，就是法王，也就是见性成佛。（耕云：《禅、禅学与学禅》）

六祖大悟之下也说："何期自性，本自清净；何期自性，本不生灭；何期自性，本自具足；何期自性，本无动摇；何期自性，能生万法！"这个偈明显从"菩提本无树，明镜亦非台；本来无一物，何处惹尘埃"而来，但更进了一步，谈到了法界。

清凉国师也说："法界者，一切众生身心之本体也，从

123

本以来，灵明朗澈，广大虚寂，为一真境而已。"也点出"灵明朗澈"的重要性。

先师亦于《观潮随笔·自觉》一文说：

> 从人、天、二乘，到"无漏法身"的圆满证得，其间不可须臾或离的便是"自觉"。离开自觉，便是"背觉合尘"，便没有"上趣佛道"的可能。唯有"会物归己"的自觉，才是无上正等正觉的基础。

《金刚经》："发阿耨多罗三藐三菩提心者，于法不说断灭相。"又说："一切贤圣，皆以无为法而有差别。"况且"佛者，觉也"，众生皆有佛性，觉则众生是佛，不觉即佛是众生，没有觉，"心、佛与众生，是三无差别"，从何建立？正觉，才是生命真实的永恒！

先师又于同书《空空》中点出"真空妙有"：

> 虽然是"诸法空相"，唯"觉"不空。"觉"若是空，生命不能发生；而且"空生大觉中，如海一沤发"，故知"觉"大于"空"。佛是大觉，故名"空王"；"空王"者，王于空也；王于空者，能"空空"也。苟不"空空"，不名大觉。

觉者是心，是心自觉，学习任何学问，不能失觉，失觉则迷，非常明显。况且"唯觉无我"只到悟的边缘，而不二法门，常显者寂光也。故六祖提醒我们："佛法在世间，不离世间觉；离世觅菩提，恰如求兔角"，前两句大家朗朗上口，后二句端在"自觉"。

　　问题是一般人不能亲尝无念心体，只以意识心管控，故堕于识而不觉。般若智慧常显者觉也，千万不能失觉！而且若无般若，意识又从何产生？所谓理念、道理究非般若，但不离般若。《心经》重观照般若，盖"行深般若波罗蜜多时，照见五蕴皆空"，圆明朗照，繁兴永处那伽定。问题是：末那耶识未断，藏识打不开；藏识打不开，又落根尘相对，"我思故我在"，不是和尚撑伞吗？

　　先师耕云向来讳言他的来历，但每次演讲，都是放光说法，直接传心，听者渐渐进入强大的磁场，仿佛置身于春天的暖阳中。虽是寒冬日子，听众频频脱下外衣，身体暖洋洋的，沐浴在一片祥和的春阳里，百不思索，只觉得师父的词句像轻敲的音符，一晃而过，不留下任何记忆。而听众就保持在这空空朗朗的无念心体中，实证心如明镜而得般若智照。演讲完毕，听众泛着红通通的脸孔，精神焕发，却什么也记不得，真是"事如春梦了无痕"。

　　这是般若主题的重现，业障浅的人顿入"离执禅定"，仿如饮了薄酒，醺醺然，毫无意识的干扰。如果稍微动念，就会发现这个念头的起处，真是识得不为冤。

明明白白的"佛佛唯传本体"的本体，"师师密付本心"的本心，慈悲心超出历代祖师太多太多了，那是百千万劫难遭遇的啊！

在般若智照中，光明寂照遍河沙，才有真正的"无缘大慈"与"同体大悲"，发挥出强大的亲和力和同化力，以大圆镜智而随宜说法，这种"一念不生全体现"，是无念灵知心，为佛陀的正觉。

自性能生万法

半夜三更，六祖入五祖方丈室，五祖特别为他讲解《金刚经》，至"应无所住而生其心"，惠能言下大悟，呈偈：

何期自性本来清净，何期自性本不生灭；

何期自性本自具足，何期自性本无动摇；

何期自性能生万法。

在佛教界这一偈形同破晓的朝日，从隐隐的山岭里涌出，顿时华光四射。它完全破除了佛教迷信的色彩，那样温馨地赞叹着生命的珍贵。回头来重读《华严经》，更能由衷地感激世尊出世的一大因缘。大家都说不读《华严》，就不知我们本心的华贵；同样的，一读六祖的大悟偈，才恍然大悟，我们的生命是何等的饱满与充实啊！

达尔文的《物种起源》像霹雳的雷神，把人类打入生物界里，和其他物种同样的要接受"物竞天择"的考验，原来人类的神圣性是自我封闭系统的美丽谎言啊！

通过两次世界大战的残酷洗礼，存在主义者重新探索"人"的根本，却不能不流下痛苦而茫然的眼泪。方生方死，庄子可以鼓盆而歌；存在主义者只能嗫嚅地自言自语：生是为死而准备，生命只是一段趋向死亡的历程，生命存在是一种荒谬！

许倬云院士放下所有的议题，要倾全力研究人的问题，探索出健康而符合人性的方向，令人敬佩，也令人期待。禅宗的主旨在这个时候作为共同的期望，应该是适时的。

禅宗所谈的是最基本的问题——生命的本质。

撇开生物的立场，禅宗重视的是这个由六十兆原子细胞所组成的人身，是极为微妙而神奇的，缘起是殊胜的。人类要从这个立场来肯定人类进化的无限可能，尤其心灵净化的可能。我们要断绝二千年来掺入的迷信色彩，发挥人类特有的智性与理性，看清生命的珍贵，再加上丰沛的感情来关注人类的前程。所以五祖对六祖付法之后，说了一句充满感性的温情期待：

> 有情来下种，因地果还生，
> 无情既无种，无性亦无生。

在人心陷溺的关键时刻，禅者顶天立地，肩负了人类往前进化的重大责任。达摩初祖说："诸佛无上妙道，旷劫精勤，难行能行，非忍而忍，岂以小德小智、轻心慢心，欲冀真乘，徒劳勤苦。"可见付托之重。

先师慎重地交代弟子："人的出生是一件庄严的大事，而人生的使命更是神圣无比的。所以人生必须经过一段由痛苦而觉醒，由陶冶而净化的时期，才能摆脱那无常的幻灭，把捉到生命的真实、永恒。"（《迈向生命的圆满》）

我们的错误来自以假为真，其实"执表层意识为自我，或执表层意识不是我，也是邪见。为什么呢？真实的一定是原本的，在这一真法界，原本没有能与所，根本就没有真与假的区分，一切当体是真，立处皆真，触目菩提"（《无漏行》）。

禅者就要把这一真法界种植在有缘人的心田，让它发芽、茁壮；禅者是有使命的，不是长坐水边林下的自了汉。

这首大悟偈揭示了开悟者的心境，那是体验了生命的完全无瑕，胸中流露了真善美的赞叹。一个开悟者安祥充满，喜悦流荡，心如金刚，有心而无念，即相而离相，一切相对悉成统一，物我一体，确认了生命的觉醒，掌握了自在无碍、独立自由。也只有对于宇宙人生一切理、一切事达到了"不惑"的地步，才真能"心无挂碍"，过着行云流水的生活。

这种手法在密教称为大手印。密教法要在身口意三密相应，手印一结，即刻与根本上师相应，进而与宇宙本尊相应，犹如天线。大手印就是没有手印，没有任何形式的相应，是以心传心，即刻母子相应。五祖讲解《金刚经》是形式，他在讲解中大放心光，以心传心，所以说禅是无上密。

就与宇宙联合来讲，密教称为无上瑜伽，所有以前的修行都是前方便，都是进道资粮，一旦获得大手印，身心与宇宙联合，与大梵联合；瑜伽就是联合，无上瑜伽就是"能生万法"。禅宗不讲这些法理，一超直入如来地，"无上大涅槃，圆明常寂照"，完全融入大圆觉海，重塑法身，"仍是旧时人，不是旧时行履处"。

大手印及无上瑜伽看来已经失传了；禅宗的禅也被曲解了，被神秘化了。自虚云和尚去世，中华大地的禅种流落到一片荆棘林中了，隐而不显，思之落泪！

踽踽独行于曹溪畔

应无所住而生其心才是观照般若，才真入不二法门，也是佛教的精华，可让那些主张一念不生时的了了分明是见性、眼见如来藏与意识并行运作是开悟，以及认为"默而照，照而默，与自然合一是大彻大悟"的人汗颜。古德有句名言："藏身处没踪迹，没踪迹处莫藏身"，有完美的警惕，如此一来，才知"怀宇宙心行淑世行"是可行、能行，而且必行。

六祖经五祖夜半点化之后，潜行密用十五年，在法性寺初开法席，他讲的是："（禅定解脱）为是二法，不是佛法，佛法是不二之法。"更申义："蕴之与界，凡夫见二，智者了达其性无二，无二之性，即是佛性。"

什么是"无二之性，即是佛性"呢？法无定法，随宜说法，法犹渡河之筏，既渡，筏可舍弃，总不能背着筏上路吧？所以大师在各种场合申说大义，活泼自然，不着痕迹，展现了善说法者的游戏自在。

第一次讲应无所住而生其心，见于《般若品》：

善知识！智慧观照，内外明彻，识自本心。若识本心，即本解脱；若得解脱，即是般若三昧；般若三昧即是无念。何名无念？若见一切法，心不染着，是为无念。用即遍一切处，亦不着一切处；但净本心，使六识出六门，于六尘中无染无杂，来去自由，通用无滞，即是般若三昧。

这段话明明告诉我们，学法要先识自本心，不见本心，学法无益。本心就是摩诃般若，"菩提般若之智，世人本自有之，只缘心迷，不能自悟，须假大善知识示导见性"，所以尊师是首要任务。

　　谁是大善知识呢？能够让你亲见本心的才是。要你放空一切，要你与自然合一，这些是外道法。将心外求，连宋明儒都知道这是错的，现代学禅的人不知，令人讶异。

　　有些学者以为本心即是人心，将这颗能斟酌是非，建立理论架构，创造发明的心称为本心，这也是错的。这些都是意识作用。

　　本心指那个"菩提自性，本来清净"的心，禅宗研究与发扬的就是"这个"。

　　问题是：本心是智慧的源头，没有本心连生命都解体了，这些智慧要基于本心而发动，"天君泰然，百体从令"；离于本心而由意识发动，舍本逐末，住于幻境而不知，这才是重要的差异点。必须通过亲见本心才找得到答案。

印顺法师等发现六祖讲般若三昧，便认为六祖综合了楞伽系与般若系的教观，这个见解不妥。因为本心所呈现的心灵状态就是般若三昧，不必经过什么三昧的修习才得，以《文殊般若经》来强调六祖禅的演变，大可不必。原本如此，不能甲说或乙说才如此。铃木大拙也错，他以为六祖把般若和禅那合一。将禅宗与一般禅定分开，这一点也有见地，但禅宗的禅定本来就是定慧圆明，六祖明确地指出实相，正见与正受同时出现，可以少掉麻烦，铃木大拙之说反显得多此一举。

对般若三昧，惠能大师又在《定慧品》中有一番申论，更能实践《文殊般若经》中所讲的"一行三昧"：

> 一行三昧者，于一切处，行住坐卧常行一直心是也。……于一切法，勿有执着。迷人着法相，执一行三昧，直言常坐不动，妄不起心，即是一行三昧。作此解者，即同无情，却是障道因缘。善知识！道须通流，何以却滞？心不住法，道即通流；心若住法，名为自缚。

六祖被称为佛教的革命者，原因非止一端，这个一行三昧打破了自世尊传法以来的旧习。打坐有些人称为禅，这种禅坐富有印度教的传统，一直到现在，大部分人还是不能区别禅宗与他宗的不同，甚至很多人远赴印度、尼泊尔习禅坐，学得的绝非禅宗的禅，而浑然不知。家有明珠在堂，偏偏外买鱼目回来，沾沾自喜，这是教界的盲点。

禅是贯串于行住坐卧的一行三昧，是生活的禅，可以在社会上运行以尽义务，可以在行业中运行而常开智慧，现在有人称为"生活禅"。

但是禅不只是生活的，更是生命的。太虚大师提倡人生佛教本来有这个认识，可惜以后的人重视人间佛教，其实是生活禅的延伸，终究不及生命的禅来得圆满。人间佛教不免随顺众生，世俗化避免不了，引来以社会服务为主题的佛教活动。

在《付嘱品》中，大师启示一相三昧，并为二"三昧"，学人就容易身体力行多了：

> 若欲成就种智，须达一相三昧、一行三昧。若于一切处而不住相，于彼相中不生憎爱，亦无取舍，不念利益成坏等事，安闲恬静，虚融澹泊，此名一相三昧。若于一切处行住坐卧，纯一直心，不动道场，真成净土，此名一行三昧。若人具二"三昧"，如地有种，含藏长养，成熟其实。一相、一行亦复如是。

见性不难，难在道种智的圆满成熟。六祖大师归结到二个"三昧"，行人于行住坐卧中体验，自然行深般若波罗蜜多，有机缘为人说法，"犹如时雨普润大地"，所以示偈：

> 心地含诸种，普雨悉皆萌；
> 顿悟花情已，菩提果自成。

写到这里，热泪盈眶，同时也记起五祖最后的叮咛：

> 有情来下种，因地果还生；
> 无情既无种，无性亦无生。

心灯传递是件庄严而神圣的责任，同时也是学人不能自已的功课。想起先师耕云先生的苍老与憔悴，他那内心涌起的期待如春雨般的朦胧，我踽踽地独行，拖拽着无限的惶恐与惭愧啊！感谢禅带来那片朦胧中的风，凉凉的、轻轻的。

顿悟是佛教通途

钱穆对顿悟有一番见解：

> 所谓"顿悟"，我可简单把八个字来说：即是"义由心起，法由心生"。一切义解，不在外面文字上求，都该由心中起。要把我心和佛所说的法迎合会一，如是则法即是心，心即是法。但需悟后乃有此境界，亦可谓得此境界乃始谓之悟。悟到了此境界，则佛即我，我即是佛。信法人亦成了说法人。[《六祖坛经十义》，《中国学术思想论丛》（四）]

由此见解，他才下了个结论：

> 竺道生是一博学僧人，和惠能不同，两人所悟亦有不同。然正为竺道生之博学，使人认为其所悟乃由一切经典文字言说中悟。唯其惠能不识一字，乃能使人懂得悟不由一切经典文字言说中悟，而由心悟，而禅宗之顿

悟法乃得正式形成。(《六祖坛经十义》)

我们先来看他的结论。既然是顿悟，为什么竺道生和惠能所悟不同？他认为这与着手于经典文字言说与否有关，不由文字才是顿悟。

这个见解是错的。佛教各门派，无论显密或禅宗与非禅宗，都只有"顿悟"，即《楞严经》所说的"理则顿悟，乘悟并销"；顿悟是顿见本心，故禅德说"不识本心，学法无益"；顿悟是佛教各门各派的通途，不专指禅宗。

如果竺道生和惠能所悟不同，那问题就多了，每个人都可以说他是顿悟，别人也不能驳斥他，他可大言不惭地说，每人的悟境不同，你不可以将自己所悟反对他人所悟。如此一来佛教的所悟，人言人殊，人人可以据一经一典言其所悟，佛教不就垮了吗？

另一个不可思议的结论产生：你懂得经典愈多，愈不能顿悟，顿悟须由不识经典文字的人"义由心起，法由心生"。然而，为什么历代禅师都是经典义虎，像惠能不识字的人而顿悟的，还是凤毛麟角呢？

佛教首先是借教入宗，借由研习经教而得心宗；心宗即佛教的核心宗旨，后来简称为禅，所以禅宗又称心宗。正如钱穆在《中国学术思想论丛》(三)之《佛教之中国化》中所论述：

大乘佛法究竟起于何时？佛法内部各种异论，究竟谁先谁后？……在中国僧人之脑海里，一面要将各宗各派调和融通，一面又要把历史的线索应用上，把其贯串成一个头绪。此两层功夫，正是互足互成。"历史贯串"与"调和一统"，这是中国文化之两大特性，用在佛法教义上，使成中国之新佛学……抽出一部或两部做纲宗，用此会通佛学之一切法门，一切宗派，一切教理，都用此一两部纲宗经典为归极。

这里又说得何其明白呢！研究佛法，无论从何门学起，要一门深入，一旦顿悟，法法俱通，说法自在无碍，否则难免落入门派之见，争论不休，重蹈古印度佛教旧辙。

顿悟是佛教各门派的通途，是必须通过的步骤。那为什么又有"不立文字，教外别传"出现呢？

钱穆在《佛教之中国化》中说：

若简净化而臻其极，则"万法本于一心"，此即王弼注《易》所谓"得象忘言，得意忘象"，孟子所谓"万物皆备于我"。禅宗"不立文字，直指本心"，即由此起。

这句话是回应"义由心起，法由心生"的立论，的确卓见。

因为从教典着手，难免受到个人主观意识及经验的影响，取舍之间会掺入个人的背景知识，停留在知识认知的层面；而禅师借特殊手段，打破对方的成见而达到理极必反的境界，一扫心中的窒碍。一千七百则公案都在显示着禅师的手段：犁庭扫穴，截断众流，蔚成中华的特殊禅风。想学，学不来；想解，解不开。

这是从理性上讲的。但是禅是佛学，当然具有宗教成分，有些非常识所能了解的，那就是"以心传心"。五祖弘忍将棒子交给六祖惠能，就说："佛佛唯传本体，师师密付本心"，这是明确的"以心传心"。

根据什么经典？根据《金刚经》。佛教所有的经典都可以研读推绎或归纳。唯有《金刚经》只能持诵，不能批注，依法持诵自然有"以心传心"的法益。

惠能听人持诵《金刚经》即得见性；夜半入室，弘忍为他讲解至"应无所住而生其心"，大彻大悟。说讲解，其实是在印证惠能八月踏碓的心境，从"本来无一物"而得"何期自性，能生万法"，心境往前跨了一大步，这是大密行的"无上瑜伽"。

除此之外，六祖又提倡"无相忏悔"，即无相心地戒，这也是源自《金刚经》的"凡所有相，皆是虚妄；若见诸相非相，则见如来"。忏悔反省是所有正派宗教重视的修行方法，也唯有这样才能扫除心灵的污垢，达到"以心印心"的证量。几乎每一个虔诚忏悔的人，都会有一段胸中块垒突然崩落的经验，真实不虚。

以上所讲是禅宗的法要，很多人注释《坛经》，对此很少着笔，似乎少了什么吧！

顿悟是佛教的必要步骤，没有顿悟就只有佛学，所以佛教各门派都必须踏上顿悟；不能顿悟，讲经说法总是"知解宗徒"。也唯有顿悟，才能真正地踏入解行相应。

再回头看"义由心起，法由心生"这句话，到底他说的心是什么心呢？由他的见解，我们可以确定他所说的心是理解能力，这是人类异于禽兽的理性之辨，可以建立道德规范，也可以建立科学原理。

这个理解能力称为悟性。如果落实在人文世界，就有圣凡之别，也是人类向前的原动力，是可贵的生命资产。宋明儒家在这个认知上建立宋明理学，是纯人文的建构，难怪他们都有"为往圣继绝学"的超强心力。

禅宗或佛教所讲的心，不是人文的，也不是自然的，是生命学，称为"菩提自性"，不可在语意上诠释，文字没有办法充分表达"实相"；通过顿悟，亲身见证那个"本来面目"，这样才能"法由心生"，说法自在无碍。就文字研究，也必须理极必源穷，无理可说而全身脱落。这个才是"义由心起"，不然理如涟漪相续，圈圈涌起，逐义而不知归了。

经云："狂心顿歇，歇即菩提。"这是需要在心灵上有一番惊天动地的翻转，才能明白。依文解义，的确是三世佛冤！

　　禅堂坐香，老和尚和一般人患同样毛病，得了个清清净净，用来印证经典果然不错，就这样锲而不舍，真是泡在冷水里，炎炎夏日，身心俱凉。

　　禅心非一般人所谈的心，禅宗的禅定也非一般的禅定，一千七百则公案都在活活泼泼中顿悟的啊！我们一再强调这些特点，偏偏大家硬要禅七去！古庙香炉去！石头泡冷水去！无可奈何去！向虚空钉橛去！

　　钱穆参禅的弊病正显现一代学人学禅的弊病。

　　法由谁而来？这里低不下头，误赚一生。

　　想学禅，务必持诵《金刚经》，务必详研《六祖坛经》，才能免于落入邪见。

学究的禅学观

胡适与铃木大拙有关于禅学的一番辩论，那种盛况如今不再了，不是问题解决了没有辩论的余地，原因是学术界及佛教界对禅的认知与实践，没有深刻的研究与体会，无从下手，变得平静无波了。问题还是搁在那儿，大家不去扰动它就好了。

胡适一直主张："禅是中国佛教运动的一部分，中国佛教是中国思想史的一部分。只有把禅宗放在历史的确当地位中，才能确当了解。这像其他哲学思想宗派是一样的。"这种看法普遍被思想界所支持。

铃木大拙以禅的实践者提出另一种看法："禅必须先从内在来领会。只有在做过这种领会之后，才可去研究禅的历史外观。"

铃木认为，仅从智性分析不能解释禅，智性是关乎语言文字与观念的，永远不能接触到禅，因此必须从内在领会之后，才可以研究禅的历史外观。

钱穆先生对此观点不以为然，从达摩到惠能六代是传承，就该有历史；既然不立文字，何来《坛经》？"应无所住"是《金刚经》的话，都是领会的凭据，怎么可以不从智性？

铃木也说知识有两类，可知与不可知的知识。知识如果不是公共财产，而是完全私有、不能被他人分享的东西时，就是不可知的，是一种内在体验的结果，纯属个人性与主体性。

钱穆先生主张，凡属知识，一面是个人性、主体性的，但另一面又必是共同性、客观性的。个人主体性有深浅，共同客观性有广狭，其分别主要在此。他又进一步说，宋代理学家常责备禅家心性不分，其实禅家说性，即说佛性，这是共同客观存在的。以己心悟佛性，即以个人主体的知识来体会共同客观之存在，此即佛性。悟到佛性与己心为一体，故说"明心见性"。

以上两个是钱穆对铃木的主要批判。

禅重视传承，所以有历史的轨迹可循，所谓法不孤起，仗境而起，问题在如何断代。学术界谈禅宗史一律从老庄开端，中间必然出现竺道生，然后续讲达摩传禅，蔚为历史的纵贯线索。然印顺法师直接从达摩楞伽禅切入，旁征博引，说明达摩禅到六祖禅的曲曲折折，最后以惠能禅为汇归点，而展开中国禅宗史。这是明快地指出禅是特出于达摩的。因为他对印度佛教史、中国佛教史、中国思想史有深入的研究，才可能勇敢地排除其他人的见解，以维持佛教与禅的关系，不擅长卖人情旁及老庄及竺道生。这是的论。

禅是佛心，也是佛教各门派的通途。

显密各宗都必须证悟菩提心，这就是禅、佛心。没有证悟，而仅在义理上发挥，在仪轨、止观中生活，都是知解宗徒，半路出家。

我们所说的禅宗，特指"不立文字，教外别传"，而且是"直指人心，见性成佛"，这种手段与启发法是与华严、天台、三论、净土、密宗等其他门派不同的。

只要见性，体证了禅，你就可以发现各宗各门殊途同归，以此见地去解释华严、楞严、唯识、密乘……无一不得心应手。因为佛法是一乘法，只是一真法界啊！

研究唯识论不能亲证如来义又有何用？归心净土宗，不能一心不乱，如何上品上生？毕生投注华严，不能理无碍，事无碍，被华严误一生？学密乘，不懂得大手印，不得大圆满，称什么即身成佛？

我们翻开《坛经》，六祖是大彻大悟的人，人家来请问楞伽、法华、净土、唯识、涅槃等等宗旨，他不必长篇大论，不必建立什么理论架构，直接就切入主题，当场"直指人心"，干脆利落，问法的人马上得证禅心，即刻见性，踊跃礼敬而退，那才是"不立文字"，不是不必文字。为什么？因为禅是法界的恩宠，是人类的共同财产，但仍然是非常主体性的内触心性，不可说不可说，因为无法可说。

当然禅宗有他的特殊手眼，六祖以后就渐渐建立起来了，那是禅风，不是"思想"的变迁。竺道生毕竟是从教入宗的，他完全不必发展什么禅风，他注重讲学、课读，是经教派的，不必牵扯到禅宗。

铃木说禅不属知性，就不能圆满于从教入宗的可能；而说禅不可知，因为知性仅属学问、理论，必须识本达源，无理可说中突出那不可知的，但那不是知识，知识是可知的。那不可知的才是禅，是佛教各宗各门的通途。

钱穆研究思想史，所以说："铃木不了解什么是历史，只认禅与其他事物关系处有历史，不知禅本身之内在演变亦是历史……不知历史不只是一框架，是一形式，历史本身有内容、有生命、有主体、有个性，……绝不如铃木所想象，把禅放在历史角落的即非禅本身。"

禅有生命、有主体，是普遍的存在，所以才能成为研究的对象；历史是纠葛，有时空背景，有人文思想的背景。所以禅风要随着外在的环境而做改变，但禅的本身没有改变，质是同一的，不然就不是普遍性的。

试问：为何五祖半夜为六祖讲《金刚经》，至"应无所住而生其心"，六祖大彻大悟，是以义理而开悟吗？大家忽略了五祖传下衣钵后的一句话："法则以心传心，皆令自悟自解；自古佛佛唯传本体，师师密付本心。"师徒两人难道只在赞叹《金刚经》的义理深厚吗？那又何必有禅宗的出现？什么是密付本心？还得来好好参禅，体会那不可知，要说也说不清楚的况味吧！

打破惯性思考

宗教是人类文化活动最贴近生命的学问，也是人类感情与理性最薄弱的精神层面，所以概称信仰。同时，宗教也是人类感情与理性最丰富的精神层面，因为没有丰富的感情，不会投入生命的终极探索，也不会有人溺己溺的最深切关怀；没有丰厚的理性，就不会投向毫无线索、结果却最具不确定性的生命问题，并做出全方位的研究。

佛教是积极性的，兼具丰富的感情与坚厚的理性，所以历来龙象大德辈出，他们绝对是以理性且明确的证量，来诠释宇宙的真理，那不生不灭的涅槃；不是以炫惑的奇迹来诱引人类走向迷信。

例如"佛"字译自"布大"（Buddha），"布大"是超脱生死羁绊而得到自由自在的智者，翻译的时候，"弗"与"布大"音近，所以造字成"佛"。佛即布大。

日子久了，见字思义，把佛当作弗人，即非人，超乎世界的非常人，无所不知、无所不能的神祇；想象力再扩大，认为佛是不可侵犯的圣人，可以解世界倒悬的超人了。

佛教是正觉的宗教，要避免迷信的色彩。

例如悉达多太子从母亲右胁出生，大家都深信不疑，不以常理解释。这不是匪夷所思吗？不是违反人类生理的法则吗？古印度种姓制度分为婆罗门、刹帝利、吠舍及首陀罗。一出生身份就注定了，象征的说法是从口、双臂、双腿及双脚出生，就像我们揶揄出身贫富之家，用手拿牛粪、金饭匙出生一样，是象征性的语言，不涉及神秘。

悉达多太子在人间成佛，完全具备生老病死的生理历程，留给我们最宝贵的教训是：唯有自尊，通过理性与智慧的磨炼，才能发现我们的本心就是涅槃的基因，不要心外求法。当我们清楚观测四念处（观身不净、观受是苦、观心无常、观法无我），自可透视因缘生灭法则，而建立四圣谛，走向内心无限的安祥，踏上宇宙同步的频率。

任何美丽的教言，都要经过我们熟悉的思考，再确认真假；纵然是他的教言，也要由我们从实践中证实才能相信。不能在现实生活中活用的学问是死的学问。佛法如果是解脱的法门，通过自悟自解，应该在生活的当下亲证解脱；净土是当下的，不是遥不可及的未来，这是人间成佛的真现实。

龙树菩萨的《中观论》，就是寻佛足迹的佼佼者。

道本无言，言能显道。语言文字毕竟是人类沟通的最重要工具，思想观念是潜在的言语。人类在思考的时候，会落入四种相的陷阱："是、非、亦是亦非、非是非非；有、无、亦有亦无、非有非无"，离不开这四个相，陷于四面楚歌。我们会从某一点起思，连环钩索地在四相中环绕，有点作茧自缚。

例如能观的心，是从观心升起来？从非观的心升起来？还是从亦观亦非观的心升起来？从非观非非观的心升起来？找不到答案的，因为疑问会一波一波地涌现。我们的思想不能一次呈现多方位、多维度，只能线性思考；一个接一个，这个分析了再分析那个，然后拼凑起来，再引发另一个方向的分析、思考。

这颗能观的心，我们再观，不是观上加观吗？为什么会观上加观？如果不观，还是在观，停止一下的观，还是观。

这说明了语言文字引导我们思考，一定还有另一种非语言文字的思考方法，就像阴的反面是阳。

佛教要我们从线性的思考走到非线性的思考，才能体会到涅槃的真际。因为我们的生活经验都是生灭层出不穷的刹那，思考语言都是刹那，呼吸是刹那，思想也是刹那……刹那刹那是我们的线性生命。找到那个非线性的生命，才是开悟，才能从四面楚歌中升华。

开悟才恍然我们一直生活在那无尽刹那中，同时发现那非线性的生命。很多佛学大德，例如印顺法师就用"触证"来说明那个境界。他以为触证是轻巧而且非意识、非作意的证量，以此来说明"空性"。

可是印顺的师父太虚大师在专心研究《大般若经》时，突然就那么整个人丢进了一个非线性的境界中，无心的状态，呈现时空感觉非常淡薄的生命现象，这不仅仅是"触证"吧！

四相是文字障，极少数的人能破障证真。执着于文字迷的人会把文字的网一张一张地堆起来，然后从下面抽一张往上套；除非特出的人，他肯把这些文字网剪破。

禅宗就是一种非常格的思想方法，专门破文字网。

药山惟严和尚向石头希迁禅师问："什么是直指人心，见性成佛？"石头答："恁么也不得，不恁么也不得，恁么不恁么总不得。"药山满头雾水，再参马祖道一禅师。马祖答："我有时教伊扬眉瞬目，有时不教伊扬眉瞬目；有时扬眉瞬目是，有时扬眉瞬目不是。"药山当下开悟，道一问他："你看到什么道理来着？"药山答："我在石头禅师那里闻法，就如蚊子上铁牛，无处可下口。"

石头希迁和马祖道一对药山的话，只是重复着龙树的四相说，让药山走也不是，留也不是，懂也不是，非懂也不是，哑口无言，却是在哑口无言中开悟。这则公案是摆脱线性思考，走向非线性思考的例子。

语言文字绝非第一义，但第一义又非借语言文字表达不可；对方通过语言文字去了解，中间又产生了多少失真或沟通不良的情形。要从文理掌握真理，很难不落第二谛，因而禅宗不假文字的直指人心必然兴起。要直指非顿悟不可，非打破线性思考惯性不可，卓绝的手段是禅宗传法的特色。

石头希迁著《参同契》："执事原是迷，契理亦非悟……当明中有暗，勿以暗相遇；当暗中有明，勿以明相睹，明暗各相对，比如前后步……事存函盖合，理应箭锋拄。承言须会宗，勿自立规矩；触目不会道，运足焉知路，进步非近远，迷隔山河固。"祖师大德的句句叮咛，参禅人千万要时时警惕！

禅与禅定

　　佛陀在菩提树下悟道前六年，普遍地研究学习当时的宗教，当然包括婆罗门的四禅八定，于阿蓝迦蓝处学不用处定，至郁头蓝弗处学非非想定，亲证四禅八定不能获得涅槃实证，不能解脱生死。

　　为什么？纵然打到最高的非非想定，一念不生，心定息平，有一天，你还得出定，回到人间社会补充营养，不然只好长住而萎。回到人间社会，还得吃喝拉撒，与人交谈，讲讲佛法，这时候，那个非非想定哪里去了？只是一场梦，一场奇特的经验而已。接着，你是否还要继续这样打坐、冥想呢？继续的话，没几天还得出定，这样入定出定，和生死解脱有什么关系呢？

　　佛陀知道这种打坐冥想的无聊，无裨于真理的探讨，才在菩提树下集中精神探讨生死问题，终于睹明星而悟道，悟到了缘生法，悟到了涅槃真相。

　　有真悟的人都知道，开悟就是"无我相、无人相、无众生相、无寿者相"，在心灵上所呈现的是如幻的禅定。在开悟的时候必然伴随着禅定，最明显的是心湖非常平静，脑袋有点如痴如醉，却是清澈得很，犹如万里无云。

心量阔张，心识淡薄，一旦破参，定亦相随。这时候去打坐，水边林下淘洗旧习，心灵会有突飞猛进的效果。破参的人才把握得住"本来面目"，把握得生命的真实面貌，修行的目标清楚明白，长养圣胎。

如果没有破参，每天在蒲团上搞入定出定，犹如玩魔术的心识变化，炼出一些似是而非的境界，扬扬自得，能不落心魔吗？

四禅都在色界，初禅包括梵众天、梵辅天、大梵天，清净心中诸漏不动，无鼻舌二识，唯有乐受，存眼耳身相应。二禅包括少光天、无量光天、光音天，无前五识，清净心中粗漏已伏，留有意识，尚存喜舍二受。三禅包括少净天、无量净天、遍净天，此时意识比较净妙。四禅包括无云天、福生天、广果天、无想天、无烦天、无热天、善见天、善现天、色究竟天，无前五识，仅留舍受，与意识相应。此时无一切内外过患，诸灾不能到达。

无色界是四空定，又名空处天，即空无边、识无边、无所有、非想非非想天。

四禅八定都在三界中，佛陀出世的一大因缘，在破此迷惘，直趋圣道，做为人天眼目，超三界而入四圣域。

四禅八定离不开意识的范畴，很多人着手在意识上研究生命关系；佛教加入了第七识末那耶识及第八识阿赖耶识，对四禅八定有更精密的观察，才能转识成智，离污转染。

初期佛教以五蕴本虚为主体，发展出五停心观，四念处住，这是初期的止观双运。各家所谓毗婆舍那（观）及舍摩他（止）都离不开这个范畴。可惜现代人爱讲经论，连止观都不愿实际地去训练了，这在汉地及藏传佛教尤其严重；南传佛教在这方面保有传统佛教的精神。正邪的关键在教观，教观错了，千万不可学。

隋朝智者大师亦倡止观双运，著有《摩诃止观》《六妙法门》，身体力行，次第分明，解析细微。但必须有一段时期的训练与观照，大部分人好经论，议论风发，讲经说法猎取虚名，又经禅宗的直趋菩提道、净土的一心念佛等的冲击，天台的止观也没有人再研究了。

在台湾有人讲四禅八定，都在引经据典上论述，没有修证，甚至有人主张枯坐，坐到一念不生，又说这一念分明的心就是开悟，不如四禅八定远甚！日本禅主张打坐外，另加参话头，很是兴盛。但是两者是如何运用，似乎有些混乱。

现代的打禅七，从明朝以来就有了，抄袭净土宗打佛七的方法克期取证。虚云知道弊病在不参禅，所以把参话头放在打禅上，以参话头为主题，打坐为配角，这是改良。问题是参话头绝对不可以有时间与场所的限制，一限制就走样了。打坐与参话头联结一起是不可能的。

纯打坐，可止观双运；打坐兼参话头，对破参没有什么帮助，还是让参话头独行一路的好！

法鼓圣严从日本禅佛寺学到洞曹宗的尽管打坐，回台企图将天台止观运用在尽管打坐上，两者不能协调，路子根本不同，他就以宏智的"默照禅"来做后盾。可以说他把默照禅作为主题了。但默照禅如果是参禅的方法，又等于回到枯坐禅，早就被大慧宗杲呵斥过了。宏智的默照是悟后起修的方法，不是参禅的方法；其实宏智是依照祖师禅的路子走来的，他只知寂照双运，定慧圆明稍嫌不足，照本一立，对立难免以默收敛，当体又空。

宏智首先在成枯木处有省，依示再访丹霞子淳：

> 霞问："如何是空劫以前自己？"师曰："井底虾蟆吞却月，三更不借月明帘。"霞曰："未在，更道。"师拟议，霞打一拂子，曰："又道不借！"师言下释然，遂作礼。霞曰："何不道取一句？"师曰："某甲今日失钱遭罪。"霞曰："未暇打得你在，且去。"（《指月录》卷二八）

宏智本来诵《法华经》至"父母所生眼，悉见三千界"，瞥然有省，很是难得，成枯木怕他滞于半途，教他见丹霞。

155

丹霞以拂子打他一下，并说"又道不借"，他就全省了。这一打把个"不借"也打散了，能所顿破，才真正见性悟道。这一段路走来，全部都是祖师禅的路子，与"默照"何关？

再说他如何开启弟子心眼？今举自得慧晖（1090—1159）参宏智的机缘。慧晖谒宏智：

> 智举"当明中有暗，不以暗相遇；当暗中有明，不以明相睹"问之，语不契。初夜坐起，往圣僧前烧香，而宏智适至。师见之，顿明前话。次日入室，智举"堪嗟去日颜如玉，却叹回时发如霜"诘之，师曰："出入离，其出微。"自尔回答无滞，智许为室中真子。（《五灯全书》卷三十）

宏智在当机的时候，问慧晖石头希迁说的"当明中有暗，不以暗相遇；当暗中有明，不以明相睹"，慧晖不明旨意，却在半夜偶然看见宏智而开悟，这也是时节因缘，哪有指导弟子做什么"默照"？这路子是祖师禅的直指，虽然气势比不上德山棒、临济喝，但绝对是当场挥出吹毛剑的，绝不是哆哆嗦嗦的默照。这里认不得，是污了宏智。

宏智著有《默照铭》等，描写的是悟后起修的心得，从来没有说它是参禅的方法。况且说到照，必先见性，有了般若才能正确的观照，没有般若的照是瞎照。法鼓圣严把默照

156

比喻为惺寂、止观，这是倒退话，与宏智的见解有别。昔袁焕仙居士好谈儒与禅，本是自在运用，但无意中令读者坠入戏论，美中不足。学法要一门深入，不能夹杂自师自智，圣严却进而表彰默照禅为高级禅，有失的论，不可赞同。

现在又有人先讲禅净双修，再加什么参话头、拈公案而破参，我们乐观其成。但禅宗自始起于直指，不必绕个圈子，转个弯，那是曲指，不能视为禅宗主流，那是反宾为主。

禅发展到今日已有一千五百年了，壮阔的禅河几见干涸，因为大家不明，禅师也不明，论禅道禅，不能透明化，都在神秘学里搞花样，故意说不清楚吗？不是。是因为本身不清楚，说来说去才不清楚！不要以为不清楚是禅的特色，禅是非常清楚的觉受，没有正确的觉受才不清不楚，落入外道禅、文字禅、枯木禅。

参禅是智性活动

某法师在《公案一百》中这样谈悟：

　　"蚊子上铁牛"是禅宗的常用语，有两层含意：第一是悟境不容置喙，根本开不了口形容。第二是未开悟前的修行过程中，明知目标是一只铁牛，你自己是一只蚊子，仍要继续不断叮下去。从思辨和逻辑的角度看，那是愚蠢的、无聊的；但以用功夫而言，唯有如此才能踏踏实实。既不要用力，同时也不要放弃；既是在用力，同时也不要祈求；既不是等待，同时也要坚持。到最后忘了自己在用功，也忘了自己在追求，内外和主客一起放下，这就是悟境现前。

看了这一段话令人唏嘘，这样的说禅与教禅，可误煞天下参禅人。禅宗要"真参实悟"，参是提起精神探索真理，全精神、全理智地放在这个问题上。

　　这个过程一般人当然会引用经典，应用逻辑去探索，探索生命的源头，左思右想，参师访道，始终找不到答案，才构成一个疑团；搁在心中放不下，解不了，愈是奋起精神去解析它，愈是无头绪，才能酝酿出："不疑不悟，大疑大悟。"

到了大疑团的时候，就像啃铁馒头般咽不下、吐不出来，那种苦闷的滋味如同蚊子叮铁牛：毫无着落处。绝对不是要人"既不要用力，同时也不要放弃"。

参禅是人类智性与理性的发皇，人有感情才愿意探索宇宙的真理、生命的真义，运用的工具是智性与理性，将全副精神集中在一个问题的焦点上，才有突破的智慧产生。佛学如此，世学如此。

如果要"既不要用力，同时也不要放弃"，那是心力不集中的毛病，教中特别强调参禅、打坐，不可以"昏沉散乱"，道理何在？要人不可失觉，不可迷失理性、智性。

今天禅为什么会衰败？

主要原因是不肯全心力地参悟，只想走快捷方式。第一种企图从经典、禅籍、公案寻找数据，获得一些知识，以为知识就是解悟。这是由演绎与归纳方法获取的结论，佛学称为比量，缺点是还难以达到最终的结论，即弄了一大套的知识，论来论去，令人总觉得不圆满、有缝隙，最后泥迹失神、死在句下。尽管你会以为有结论、有心得，也不能打破生死的疑团，敝帚自珍。禅宗内有一句警语，"一句合头语，千年系驴橛"，若有一法，百劫千劫，不得解脱，死在句下。

我们不是反对研究经典，而是要会疑，会产生疑团才有用。例如香严智闲和尚经论一级棒，引经据典，头头是道。沩山告诉他："不要告诉我经论，只要你能回答我：什么是父母未生前本来面目？愈简单愈明确愈好。回答我！回答我！"

香严被问，千回百转，找不到答案，叹了口气，才知道禅还是要参的，他才开始一段漫长的参访。后来因击竹而悟道。

第二个错误是打坐。

我们一直强调：打坐只是心志集中的训练，或是强身瑜伽的锻炼，无论是四禅八定、九次第定，这些都和参禅没有关系。打坐只有入定与出定，没有探索追求真理的活动，禅宗称他们是枯木禅、僵死禅。请问你入定十天，什么都不知道，这十天的生命不是空转了吗？和放下一切去做十天的旅行有什么差别？比旅行还不值得，旅行可以放松心神，打坐只是耐性的训练。如果说有意义，指的是打坐后精神比较可以集中，可以思考呀！况且，四禅八定或九次第定不能开悟，何裨解脱？

佛教明白这个缺点，在打坐中间杂着教观，例如五停心观、白骨观、忆佛观想等等，要人不至于落在空茫中。教观可以提振精神，思考佛法，不会失去主题意识。只要看看宗喀巴的《菩提道次第广论》最后讲毗婆舍那观，论舍摩他，称为止观双运；天台宗的智者大师也有三观之设，从空假中达臻清净心的出现。尽在打坐上练心，真是弃金担麻。

佛教的"修习"在巴利原文为 bhavana，被译为 meditation，乃冥思、冥想，与原意不太相同。Bhavana 是培育发展，尤指心智的培育与发展，原意在审察内心各种负面情绪对心智的骚乱，如实观察，以理智分析，使心智恢复宁静、安祥，以获得心境的优良质量。佛教在这方面的研究是四念处，也是止观双运的观——毗婆舍那；长期以来发展成一套严密的止观心智训练，南传佛教对此有很精妙的实证。但是禅宗的第一步是见性，作略是直指，而悟后起修则可以运用这些修习的方法，以加强保任功夫。但是出发点不同，禅重在顿悟渐修，其他法门重在渐修渐悟，基本路子不搭调。顿悟后的渐修是驯服妄心的功夫，目标明确。两者相同点在念念分明，活在当下。

止观是小乘与大乘禅而已，有次第、有方法，接引中下根器，循序渐进，即一般所说的渐修渐悟，但不能大悟，因为没有大疑情。今日讲禅的都是这一路子。

这些禅师有共同的毛病：他们讲的方法都无法从禅宗找到根据，也不能从经典找到根据，支支吾吾，模棱两可。例如这位禅师说："既不是等待，同时也不要坚持。到最后忘了自己在用功，也忘了自己在追求，内外主客一起放下，这就是悟境现前。"忘掉了自己，却可以内外主客一起放下，那不是四禅八定吗？例如某师，在山中打坐数十天，根本就忘了自己，也忘了环境，内外主客一体了。为什么不能起坐？因为耽着胜境，入无思、无维的非非想定了，要不是弘一大师引磬叫醒，后果不堪设想。

这种禅定与生命的觉醒何干？

大家都打坐到什么都不做，忘了所有的一切，只有打坐，国家社会将变成什么样？况且佛教的生死解脱，不是要你不怕生死，忘记生死，是要你参悟到生死本来无一物，人在生死流中的变异不是生命的本质，而很清楚地看到"光明寂照遍河沙，凡圣含灵共我家"，那才会有生死的解脱，不解脱也难！

这位禅师不知道禅，所以误认禅，他看到香严说"一击忘所知"，加上虚云和尚的"杯子扑落地"，"虚空粉碎也"，一凑之下，才错解为"忘所知""虚空粉碎"是禅。

一击忘所知与虚空粉碎的境界，同出现在《心经》上，出现在《金刚经》上，你碰上了，一引经典就会明白，因为你开悟了。这不可说，但经典已明说，那才是真正悟境现前，是一种非常明确、可以受用的心灵状态，不是神秘的模糊。佛学是内学，完全在心地上用功，那个心要明明白白做得主，所以说佛者，觉也。

禅宗也没有主客内外一起放下的说法。起心放下就是放不下。开悟的人，要把全人格、全生命熔铸于大圆觉海中，重塑一个崭新的以法身为主的生命，没有什么主客、内外的相对概念。三祖说"一种平怀，泯然自尽"，何来铁牛与蚊子？

开悟了的心灵状态，《心经》就是最好的证量，其他如《金刚经》、《坛经》、公案都有深刻的描述。另外如《楞严经》《楞伽经》《涅槃经》，也讲得很明白，问题是你是否具只眼，可以把手共行共舞。

参禅是人类智性的活动，是生命的觉醒；没有世尊菩提树下一悟，何来开悟明灯？怎么可以用蚊子叮铁牛来否定、来讽刺？这等于是承认生命是一场自我演化的悲剧，完全与世尊的本怀相背。

我无法认同这位法师的看法。

如愚如鲁是主中主

洞山良价禅师的《宝镜三昧歌》："如临宝镜，形影相睹，汝不是渠，渠正是汝，如世婴儿，五相完具，不去不来，不起不住……臣奉于君，子顺于父；不顺非孝，不奉非辅。潜行秘用，如愚如鲁，但能相续，名主中主。"语意非常恳切。

洞山过水睹影而开悟，将所悟见的本心称为渠，这是见性的意思。见性时所亲证的般若本心，就如新生的婴孩，我们要细心呵护，培养而长大，能独立做主，这才叫作开悟。

这段呵护、培养的时期非常重要，禅宗称为保任，见性就是知有。保任又称长养圣胎，保任成熟是打成一片，用现代的话，即人格化。它不是一种意识形态或概念，而是陶融于身心的合一，称为变化气质或转凡成圣。

保任期间两项非常重要的功课：第一是反省忏悔，扫除心垢；第二是潜行默化，不与万法为侣。洞山的三昧歌着重在第二点上，也是《坛经》"若欲当来觅法身，离诸法相心中洗"的叮咛。至于如何保任，《坛经》所说到处可见，兹

164

不赘言。

为什么要保任？

我们出生以后，由于社会化的运作，被灌输了很多的价值观，这是现世意识的概念，指导了我们的思想行为，我们又不能不往这条道路走。例如当代论国富民强，着重在经济发展，人变成了生产的单位，又引诱人去大量消费，这样的轮流操作，人几乎为了生活而工作了，人生的价值只在"忙里偷闲"，丧失了生命的亲切感。

很多研究思想史的人知道这三四百年的文明发展，已经走进精神死胡同，每隔几年的金融风暴，暴露了人性永不满足的贪婪，在虚拟世界大玩金钱游戏、物质享受，真是"山花千万朵，满城无故人"。

一个初见性的人，不能也无力一下子就斩断这些牵扯，所以要长养圣胎，入山犹恐不深，水边林下犹恐琵琶声奏，扰乱清修。

现代人论修行，不知道我们这个般若本心，就如婴儿那样单纯，如一面宝镜无染无杂；常保赤子之心，拥有常新的宝镜是件非常困难的事。他们以为般若是大智慧，上通天道，下通地理，经常大谈道理，侵及艺术、音乐、企业经营，甚至旁及治国道理，以国师自居，真令人为之错愕。

般若本心怎么会容许特别关照缘起缘灭的世俗识见，这些只是障蔽本明的尘垢。一个赤子之心的见道者，已经达于人无我、法无我的真知灼见，他怎么会涉及这些世俗的知识知见呢？

这些世俗的知识知见怎么可以带到天上界呢？天上界需要这些无聊的知识吗？况且这些知识其实是灵魂的素材，积得愈多，尘垢愈多，灵魂就愈厚重，轮回就是依凭这些污垢而来的，空言"虚空无尽，我愿无穷"，把大家带到轮回不息的循环业网中，不是罪过吗？

你也许会怀疑：难道修行人就不要世俗的知识吗？

专业的知识与工作是我们这一世所必需的生活工具，当然要专精，而且要深入研究。前提是：这些只是生活的工具，在合情、合理、合法的情况下展开世俗的服务，不可以损及良心道德的规范。现代禅的李元松老师有过人的智慧："在不违背法律，不伤害别人的前提下，既有的情欲与兴趣，可以尽量去抒发。"又说："心离三界，谓之真正的出家。……我们其实可以就在自己的工作岗位上，就在自己的责任义务里面好好修行，不需要舍弃自己的责任义务，另外到一个地方修行。"很符合六祖所说的"修行不由在寺，在家亦得"的意见，这就是"臣奉于君，子顺于父；不顺非孝，不奉非辅"的精神。

般若本心不属见闻觉知，只是寂光一片，所谓知识知见等等，都是末那起执的作用，我们说知识或者说他有智慧，指的是末那的作用。般若本心是如愚如鲁的，不会起分别心

166

的。一个见道者，大剌剌地谈那些世俗的事，眼光炯炯地瞪着大众侃侃而谈，要表现他的"大智慧"，无所不知，绝对是错的。

我们读《金刚经》，佛陀讲了他的无碍智慧吗？没有啊！只是反复地叮咛："无我相，无人相，无众生相，无寿者相。"还说："知我说法，如筏喻者，法尚应舍，何况非法！"

佛法变得繁琐复杂，是人为的，是人加上去的，论述愈多，歧义愈多，佛法就在印度亡了。传到了中国，高明的大德本着"吾道一以贯之"的原则，从纵的历史观，横的义理连串，搞通了，就有三论宗、天台宗、贤首宗、法相宗等等的出现，这是挈纲领以通佛法。

六祖最干脆，佛法在世间，用的都是平民百姓的俚语，把经典的名相、止观等一把抓来丢掉，亲切得很。

禅宗是佛法的大解放，"直指人心，见性成佛"！

现在又有人不走这条路，把所有的经典拿来解释演义，一天到晚要人和他辩法义，把六祖看轻了，热闹得很。法过语言文字，法义一多也是心田上的污染，甚至泥迹失神，神会就是例子。

安祥禅的文集都是白话文，很少名相，这是六祖的路子；安祥禅文字平白，愈读心愈爽朗，心中就出现了明月，这不是"佛佛唯传本体，师师密付本心"吗？这是五祖的路子；学习安祥禅，身体愈来愈轻，容光愈来愈焕发，你不能不喜悦，这是达摩的路子；学安祥禅是有一个结果：如愚如鲁，过去的事忘得干干净净，当下清清楚楚，你可以自己做主，也可以带给周遭的人祥和，这是潜行默用，无功之功。

结　语

　　禅宗的崛起是佛教的大事，也是全世界宗教的大事，更是人类心灵净化的明灯。六祖惠能应该受到世人的崇敬，然而时丁末法，讲禅的人不讲《坛经》，甚至曲解《坛经》，大多数人从第一页讲到最后一页，依文解义，讲得支离破碎。好像讲故事，讲自身的故事，这样的讲经实在是被经转。绝大部分的人讲不出"以心传心"的所以然，更不知道禅定是圆定，是楞严大定，都在四禅八定中兜圈子，误认歇心打坐是不立文字。若说直指人心，更是茫然无知；最后打几个公案，随意串联，就以为是悟，让人啼笑皆非。甚至妄肆批评六祖是三地菩萨，历代祖师绝大部分没有真悟；拈提公案的追迹中，把"参禅"的精神破坏掉了，让想学禅的人陷入八卦迷阵。故不能不奋笔直书，愿能唤醒真正想学禅的人：挺起脊梁，天人师必须从顶天立地的大好人做起！

附 录

万物俱同体
——与米契尔博士谈见性（一）

《佛心、宇宙与觉醒》系法鼓圣严法师与米契尔博士的会谈记录，时在 2008 年 5 月 31 日，由亚洲大学叶祖尧教授担任主持人，并由圣严教育基金会出版，颇值得再加一层的讨论。爰不揣浅陋，就以习禅心得提出意见，就教高明。

米契尔博士（Dr. Edgar Mitchell）是第六位登陆月球的航天员，在返回地球的航程中，突然有了一种特别的体验。回来后创立了一个研究科学与灵性问题的研究院，试图从科学文献、宗教文献中加以研究。最后从古印度的梵文中发现了"三昧"的观念："如实地看每一件事物，从内在去体验，感受到自己跟万物是融合一体的，因此有了狂喜的反应。"他豁然领悟到太空航程的特殊体验就是"三昧"，而后来与圣严法师访谈。

米契尔博士的体验：

当宇宙飞船转动时，我有机会往外看，而看到了天空、地球、月球和太阳壮阔华丽的全景，心中有着无比的感动，我感受到身为宇宙造化一分子的喜悦与陶醉。

我们要注意的是："我感受到身为宇宙造化一分子的喜悦与陶醉。"那种心灵震荡是非常难得的经验。那个经验是什么呢？他又更深刻地反思，身为天文学博士，学术的研究让他直接地明白：

让我了解我身体的分子、伙伴们身体的分子，还有宇宙飞船的分子，都是在星系中创造出来的。所有宇宙里的物质也都一样，是在星系里创造、造生的。

我们人体系由 60 兆个原子细胞所组织成的，其中离不开星系中的化学元素、原子与夸克。这个组织体的每一个分子来自于星系，是同步的。不同的是各种组织体在相互交叉的组合中，产生了多样化，而且在地球上表现得最繁复，在佛教一律以因缘果来描述，《金刚经》称为"一合相"。缘起无自性，所以是空，因为是空，所以才能缘起；没有一个最初因，也没有一个最后的果，因果相乘，缘起无穷。

纵然有所谓出生与死亡的现象，甚至星球毁灭，整个宇宙还是不增不减的。洪兰博士有句名言：人死了，分散的化学元素与原子夸克，不是重新在新生的人类身上复活了吗？小我与大我是互融互摄，一而二，二而一的。

这是知性的了解，客观的描述。而米契尔博士却说：

> 但是在神秘经验发生的当下，这个观点对我而言，并不是理智的概念，而是空灵的感觉。它属于感受的层次、情感的层次，我觉得自己身上这些分子，就是远古的星系中创造出来的，而我跟群众是同一族类，那是认识并感受到自己跟整个宇宙合为一体的狂喜感觉。

难得的是，他能够重新经验：

> 我打坐修行，勤练坐禅，而且学会了进入深度的禅定去重复那种经验，我的确知道"空"的修行，也体验到了那种境界，对自己是深具意义的。……我接触到许多伟大的佛教思想家与修行者。他们也一路教导我很多有关我们正在这里讨论的事。

本来这是一场很精彩的座谈会，可以给予关心心灵净化人士参考，可惜，以后的会谈有点失焦了。因为首先涉及这种经验，是不是开悟？圣严法师的回答是：

在人生的过程之中，有了一种新的经验，内心产生了新的省思，这可以说是开悟。但是，问题在于有的人发生这种经验之后，只是将它视为奇遇，过了就不再追究，这对他来说是没有用的，而这就不是开悟。有的人发生这种经验之后，使他产生许多新的想法或者新的追求、探索，这时就可以叫开悟。

就我们的经验，似乎不是这样。首先我们把米契尔的经验内涵暂时撇开；开悟在禅宗来讲，应该是断惑，对生命产生毫不犹豫的拥抱。开悟之前的特殊心灵震荡，称为见性，亲见生命的真实面貌。对这个经验加以延伸，至于断惑的整个过程称为"保任"与"修行"。保任是保护并信任那个经验；修行是把那个特殊经验与日常生活的经验加以比较，然后修正或扬弃那些矛盾或不谐调的部分。

圣严法师所讲的开悟，在禅宗来讲是参禅、印证或参访。参禅是参究禅道，热切关心禅道的究竟。印证或参访是将特殊经验拿来与有相同经验，乃至有成就的善知识交流，以确认它的真实性，并且明白如何进一步推进。

依米契尔先生现阶段来说，开悟、不开悟是多余的。

首先他要摆脱禅坐的拘束，他在外层空间产生的感觉是般若自性的发露，一般称为见性，那种感觉就是三昧耶——禅定，不必再走向回头路学什么禅坐，把心放开，从自性中发展的禅定是自然的，不拘束身体的。把身体拘束在蒲团上寻找禅定，是有为的、被动的，不符合《圆觉经》旨趣。

　　他必须去辨明：工作的时候，这种感觉潜伏了；放下了工作，这种感觉又回来了，要详细地省察这种转换！笛卡尔说："我思故我在。"请问：我不思时，我在哪里？思想的我是我吗？

　　仰望天空时，总是一直问着这些问题："我到底是谁？""这一切究竟有什么意义和目的？""我跟这一切究竟有什么关联？"这些都是将亘古的哲学问题，转变为生命的问题。我们建议米契尔博士问另一个问题："还没有宇宙之前，我们都在哪里？那时候有科学、哲学或生命学吗？"这些问题比较能够与你的感觉经验联结，也比较能够迅速地找到答案——开悟。

　　如果以上所说的问题稍嫌陌生，我们建议你这么追究：作为人，什么是我们生命的属性呢？水的属性是湿的，无论是固态的冰、液态的水、气态的雾，都是湿的。生命的属性呢？为什么会产生那种亲切的感觉呢？

　　当你把这个问题打破了，你的确会有无可言喻的"大爆炸"（big bang），就在你自身的身体上，你也不必再理会宇宙产生于大爆炸，那只是一个无始无明，就像在一个大圆圈的某一点，是起点，也是终点。

最简易但却最苦的方法，是闭关三个月，摒除所有的工作、思考、人事与学问，静静地让那个感觉回来，加深、加深再加深。那是我国古德必走的路，宋朝高僧圆悟克勤有很好的心得与建议，那本书是《圆悟心要》，何妨一看呢？

一般人会要人放下、放下、放下，其实当你把这种感觉加深了以后，稍微思考我提出的问题，你会发现他们只是没有根据的呓语。生命与宇宙联合，获得自他不二的境界，就是那么庄严、那么喜悦，该放下的你自然很明白。禅宗古德有一句道家语，"万物俱同体，天地亦同根"，你会觉得非常深切吧！一般所说的慈悲都是理念上的或者意识上的慈悲，只有呈现麻哈巴尼亚（摩诃般若）的时候，才是真慈悲，所谓"无缘大慈，同体大悲"，我们可以深切感到你对人类的关怀，是那么真切，那么毫无做作。

从以上所谈的内容，我们着重的是生命的醒觉，因为生命本身就是那么奥妙，却又那么熟悉，这是禅宗一直关注的问题。如果拿掉宗教的外衣，开悟其实是生命的觉醒，那是每个人的本分，既然是本分，所谓开悟不是奢求，是件太平常不过的事！

谨效野人献曝的愚诚，敬请指教！

航天员也能见性
——与米契尔博士谈见性（二）

米契尔先生从外层空间返回地球的途中，突然爆发一阵心灵的踊跃，深深地感觉到"万物一体，天地同根"的亲切，喜悦与感恩同时出现。

在禅宗来讲，这是"见性"，本有般若冲破心垢而呈露出来的心灵震荡，这种触机的悟缘非常难得，百万人众中才有一个。法鼓圣严法师一直反复强调可以说是开悟，也可以说不是开悟，完全没有切入主题，禅宗的见性与开悟是两个阶段。

禅宗有一则公案非常类似。

香严智闲和沩山灵祐都是百丈怀海禅师的弟子，沩山见道早，后来还创立沩仰宗。智闲人很聪明，问一答十，百丈一直无法让他开悟。百丈去世后，香严摸摸鼻子，伤痛地说："以后不知道要依附谁了？"他鼓起勇气去拜访沩山，要他指教。

沩山说："你经论第一，问一答十，我们怎么比得上你呢？不然，我就问你一句话吧！什么是父母未生前的一句话呢？"

香严当场傻了眼，惭愧地答不出话来。回寮，把经书全部拿出来，重新细审一次，就是找不到这句话的答案。他终于承认：说食不饱，饱读经论，身心没有真正的受用，救不了自己，惭愧啊惭愧！沩山又对他说：你要下功夫找到答案，因为从门入者非家珍，别人的古董终究是别人的东西，观赏完了还得还给人家的。

他摸摸鼻子，毅然决心到处参访。有一天，他到忠国师的塔院，倾圮颓败，于心不安，就此安顿下来整理。他拿着锄头除草，随手拾起一片破瓦往外摔，摔到了竹丛，一声爆响，他却见性了。这可以从他的悟道偈看出来：

> 一击忘所知，更不假修持；
>
> 动容扬古路，不堕悄然机；
>
> 处处无踪迹，声色外威仪；
>
> 诸方达道者，咸言上上机。

这个公案和米契尔博士的见性语有很多相同的地方。值得研究：

一、他们都是学问好、很专业的人：一个是天文博士，又是航天员；一个是佛教经典的饱饫之士。

二、他们都是在毫无预设的状态，心灵发生了不同的变化：香严是禅者，所以很快就认定这种珍贵；而米博士虽不是禅者，却能以不平常来珍视它。

三、米博士所感觉到万物构成的分子，是从星球形成的时候同步产生的，至今犹是，所以身心踊跃着一种无法形容的喜悦与感恩，化开了人我的距离；香严那句"声色外威仪"指的就是这种心灵状态，虽说"处处无踪迹"，其实是"处处皆踪迹"的，只是人人不能自觉自肯而已。以受用来讲，米博士的胜于香严禅师；论机遇见地，香严胜于米博士，香严有沩山、仰山同道的印证与激励，可以顺路回家，米博士怀宝而迷邦，到处找人找答案。

为什么说米博士的受用胜于香严？不仅胜于香严，也胜于大部分的历代祖师，当然也比现代自称是禅师的大德高得太多。

禅宗的第一公案，惠能大师对惠明说：要体证的是本来面目哦！沩山对香严说："经论多棒无关重要，重要的是体证本来面目！"

什么是本来面目？

父母未生下我们之前，我们在哪里？……宇宙形成之前，我们存在不存在？还没有宇宙之前，我们又在哪里？

把这个疑团打破才是开悟。为什么？

因为你已经明明白白了解了真正的自己、真正的生命、真正的存在是超宇宙的；明白了那个没有任何理由的存在，真正的存在——实相，是超宇宙，超越一切的；那是无理可说的"本来无一物"，但不是寂灭，寂灭中你我从何而来？

发现了真正的自己，才能发现众生和我无二，万物与我无二，所以说无众生可度。

第二次世界大战结束之后，法国、意大利等地产生了存在主义，他们审思生命存在的意义，是人类生命学的严肃的探讨。可惜，他们却蒙上了悲观的色彩，把生命当作是荒谬的过程，出生就是为死亡做准备，他们否定了神，否定了上帝，但不是尼采的超人，而是否定存在的哲学家。后来的存在主义追随者无法突破生命的极限，真正可惜了一段追索生命学的路程啊！

现在的禅师也不明白禅的意义，开口闭口要人打坐，称为禅修，修到一念不生，修到与自然合一，修到体证空性，……这不是玄之又玄的无聊妄想吗？偏偏大众就相信这一套假的东西，称它为开悟。

佛教界一直有个误解，只要入定，愈久愈好，像虚云在泰国一坐九天，憨山一坐三十天。这是空定，心非常单纯，是持戒严密者的心志表现，但是有入定就有出定，那是共外道的四禅八定，不是禅宗的禅定。

米契尔博士不是发现了空，他的的确确地体认了生命的奥秘，但无法肯决，东问西问，真是"山前一片闲田地，叉手叮咛问祖翁"。他有很好的机运，若能进一步自我深化与肯定，必然成为生命学的大师，那是超越宗教，而且被普遍接受的。

量子理论与心物不二
——与米契尔博士谈见性（三）

米契尔博士是人类有史以来，唯一一位从外层空间触境而悟的人，这证明了禅宗的"直指人心"是可能的。而且"不立文字，教外别传"是正确的，也可以打破很多着迷于打坐，放空一切，寻找四禅八定的定境，并且误以为这是禅的迷失者。

还有一点至关重要，他在瞬间所获得的心灵震撼完全没有丧失"觉性"，这个觉性"看到了天空、地球、月球和太阳壮阔华丽的全景，心中有着无比的感动，我感受到身为宇宙造化一分子的喜悦与陶醉"。描述了生命的真诚与人性的光辉，这才是我们所一直强调的：见性、开悟并不是放空了一切，是寻得生命的真实与本源，从而唤起生命的觉醒：真善美。

因为证实生命的纯真，不由地敬爱生命、热爱生命，并激发出来一股"人饥己饥，人溺己溺"与"民胞物与"的情怀，所以他才会说：

回来之后，我开始运用那些返回地球时，由看到神秘异象而获得的深刻观点。这项体验完全改变了我的生命，有了在太空的神秘体验，我现在对生命和自己在地球上的使命，有着相当不同的看法。

我们再来看看，世尊当时菩提树下睹明星而悟道，如果像一般的四禅八定，如何"睹"呢？在入定中如何可以"睹"呢？这是一层。悟道后，世尊说："奇哉！奇哉！大地众生皆有如来智慧德相，只以妄想执着而不能证得。"什么是如来？如其本来，生命的源头，心灵的纯洁无垢，他是彻底证实了，所以又称"实相"，才起了"无缘大慈，同体大悲"；想把这段实证的经历与人共同分享，四处传道，何时教人打坐放空呢？从原始南传佛法的文件，没有看过世尊要人打坐放空的。现在竟然有人大剌剌地在佛堂上放空打坐，研究什么四禅八定，问什么有无边处定？还问什么因缘聚会？没有正法眼的研讨，绝对不是善因缘啊！

为什么米契尔博士会产生这种心灵状态呢？

答案就在不二。《涅槃经》讲的就是不二，从《楞伽经》的自觉圣智，般若的观照自在，到《涅槃》的不二，才完美地陈述了《华严》的一真法界：一切皆从法界流出，一切又皆流归法界，一个生灭不已的大圆觉海。

量子物理学的发展提供了很好的说明。

量子领域显示出了心灵与物质确实是互动的，也开始了解它们是如何互动的。物质是能量的压缩，能量的非物质性先于物质，这几乎是顶尖物理学家的共同看法。

物理学发展到量子领域，很多人都有深刻的感触：空间宇宙的研究将来性极为有限，他们转而运用量子物理学为工具，在科学的架构上探讨心理与精神领域，这是为什么很多物理学家最后趋向心理学领域了！

佛教也有唯识学，架构很完整了，但有缺憾，它说明了十二因缘的生灭门，没有办法说明还灭门，只能借助后天的修补获得"无漏种"，但是这是后天的经验与学习，我们很难以后天的人为的信息达到先天的无垢吧！量子全像结构，是一种信息结构，是一种心灵机制，它可以完美地解释唯识学，让唯识学有科学的基础。我对量子物理学所知有限，无法详论。

佛法所讲的不二是实相，这一实相类似能量的流变与变化，所以说般若如大火聚，近之则燎却面门，非空非有，但可以实地体验：身心不二。

米契尔博士曾经得过两次癌症：前列腺癌及肾脏癌，他运用意愿和他谈到的佛教传统技巧治好了，"身为科学家，我深信这是我能够克服癌症的证据"。但他不了解佛教所说的生命是不死不生的，现象界仅是生命当中的一种变化，或许可以说夹杂其他的东西，而呈现了一期的生命活动。治疗病痛最好的方法，是心灵排除了加在身上的杂质。

他虽然说："量子领域显示出心灵与物质实是互动的，

也开始了解它们是如何互动的。那是我过去三十年所致力研究的领域，也就是学习使用科学工具，特别是量子物理的工具，在科学曾经使用的架构内，去探讨心理与精神领域。"一路走来，他自认为成功。

就佛法来讲，生命的源头称为"摩诃般若波罗蜜多"，本身具足生发的能量与自我修补的力量，我们称为免疫力。中国禅师六祖说："何期自性，能生万法。"般若是万生万物的原动力，它是真空的妙有。米博士在外层空间产生的瞬间觉受，是般若的发露；当他确认了它是毕生追求研究的目标，这个般若就不时地展露出来，只是米博士无法把它深刻而已。这个般若是生命的源头活水，所以他能从两次癌症中痊愈，这绝对不是什么神秘的事，至少，对禅宗来讲的确如此。

前面提到的唯识学，必须等待《大乘起信论》提出如来藏，才能完满地建构还灭门。因为如来藏一心开两门，一个是生死轮回生灭门，这是唯识学的专长，另外如来藏的如来清净性，这是如来清净门，恒常地闪耀着清净的本质。这个如来藏的本质就是摩诃般若。

但米博士说："物质是压缩的能量，信息是能量的形态，而运用信息的能力是心识。对于信息的觉察，就是心识。"信息是藏识储存的信息，对于信息的觉察是第六识，佛法因人而置，就是因为人类具有这种储存信息的功能，又能运用心识觉察信息，构成人类意识而组构人为的世界。因为人通常同时生活于外面的自然世界与人文世界，两者交叉而形成一个变化无常的世界，带来人类永不能停歇的变化。

我们非常乐见米契尔博士经历了一场难得的心灵之旅，更感佩他由此产生对生命的更深入研究。不要因为科学无法掌握而即刻反对，毕竟，我们对生命的了解非常薄弱，而且经常反射到生物学与人类学的轨道。只有他，米契尔博士是站在外层空间获得难得的"域外生命"感受。也正如我在写本文时，经常会呈现出不可思议的生命踊跃。

生命的共相
——与米契尔博士谈见性（四）

上篇文章我们谈到生命现象，在地球上的人们对生命的了解，是分子生物学与进化论的结合；在外层空间的米契尔博士对生命现象的感触，是与星系形成过程联结在一起的。

这是截然不同的感受，以分子生物学为立论的生命是偶然的，是环境的产物，内在于地球的生命现象；外层空间的生命触动，将生命视同宇宙的同步，将生命的了解脱离了既有的框框，它更接近上帝。

大家很容易忽略这种差别，因为米博士是人，他的感触不免有情绪的激动，甚至把它当作文学作品欣赏。这让米博士有种有口难言的寂寞！从外层空间回来，他热烈地探讨，而且经过两次癌症的考验之后，他说：

> 学习接受和运用病痛，学习爱惜生命和尽情体验生命，正是我对待生命的态度。这和回到并再创从太空返回地球的狂喜体验相反，我现在过着充实、满怀希望、快乐的生活，并学习过健康的生活和热爱大自然。那是我内心所存的意愿，也在生活中去实践。

在回归于心灵的宁静后，他对生命的充实是内证的，因为这份感情缘自内证的震荡，潮流般在内心涌现，那是文字无法表达的不可思议境界。

佛教的教典不是要人去懂得道理，搞一套理论，而是必须化为内心的动力。如果不能内化，这些理论是外来的，和生命的关系非常薄弱。禅宗的出现就是要在这个地方着力的，有名的德山宣鉴开悟公案最特出了，他本来是《金刚经》的经论家，外号周金刚。他看不起禅宗的教外别传，所以刻意去找崇信禅师辩论。

故事有戏剧性的发展，他到了山下向卖点心的婆子买点心吃，这个婆子戏谑地说："和尚既讲《金刚经》，请问：'过去心不可得，现在心不可得，未来心不可得，'您现在所点的是何心？"德山语塞。因为他只懂得经论，不能化为生命的血液，是外在的道理，于是尴尬地离开了点心摊，去拜访崇信禅师。

有一天，崇信禅师在夜深的时候，点个纸烛子给他照路回寮，可是当德山接下这纸烛子的时候，崇信却又吹熄了。这个时刻，德山却悟道了，完全证实了"过去心不可得，现在心不可得，未来心不可得"的现量境界。当婆子考德山"什么心"的时候，德山如果是开悟的大德，哪有什么卖饼人的对立面？哪有什么心与经的分离呢？德山没有离执禅定的经验，也没有这份心行，才茫然无答。

米契尔是天文学者，和世界上无数的物理学者与天文学者一样，都了解宇宙形成的过程。在极短的时间，星系完备地出现，万事万物构成的分子也同时出现了，构成人类细胞的单位，同样地在那个时候产生了。

更有趣的是宇宙在不断地膨胀，星系在生灭不息中运作，而总能量没有改变。一个星球的诞生或消灭，宇宙不多些能量，也不会减少些什么能量。

同样的，人类的出生、死亡也是生灭不息地运作着，某些人的诞生或死亡，也许对某些人有意义，但对地球一点也没有影响，说有什么也只是极少数人情绪性的发泄而已。

理性的人都知道这些道理，而道理是外面的，仅止于语言、文字的表达。米契尔博士早就知道这些道理，可是却在外层空间观测星球的时候，突然产生极微妙的心理变化，外面道理终于蜕变成内心生命的源流，汩汩地涌现喜悦与感恩。

我们没有办法做数量化的说明，但是如果德山遇到米契尔，一定有不一样的眼光与振奋，必然同意那个婆子的点心故事，绝对比当前的禅师更高明。

如果米博士这次到了台湾碰到的是济颠和尚，济颠在中国禅宗史中是一位悲天悯人的禅师，被民间认为是位无事挂心的开朗和尚，济颠会竖起拇指，羡煞米博士的遨游太空，不是神游外层空间。

这里没有面具，只有真诚。

如果碰到先师耕云，米博士会突然失去重力感觉，整个人飘飘的，什么都没有，但人的确是存在的啊！他会挤出一点疑惑，先师耕云会对他说："工作的我不是我，思想的我不是我，是第二个我。"米博士会想到笛卡尔的"我思故我在"，可是外层空间那段时间真的没有思想的我，没有自我对话的我吗？他应该认识那个陌生又亲切的我。

回到地球，经过两次癌症的洗礼，他在无忧无虑的无挂碍中生活，有个法师说连这个都要忘记，我看他才要学会记得。米博士已经生活在无觉而觉中了，不必斟酌什么才是充满希望、快乐的生活，他的生活就是生命体现，生命本身就是无忧无虑，要忘掉什么呢？他应该买两瓶水果酒送给这位法师，让他喝一点酒，唱一首歌。如果这位法师拒绝了，你不用跟他谈禅说道，只跟他谈酿酒过程，一位真正的禅师都曾品尝过微醉的心灵变化的。

雍正为了选个国师，将剑掷给天慧，要他七天内见性，不然人头落地。天慧是经师，佛学呱呱叫，但不知道什么是真正的开悟，又骗不了雍正。雍正对《宗镜录》很专注，还没大彻，但理路清楚，知道开悟不是说的。天慧急了，一刻也不敢休息，绕着佛殿跑，一面跑一面想：什么是父母未生前的本来面目？这和香严和尚有点相似，但是紧逼性高多了，七天不见性，人头落地，什么佛法也救不了，懂什么佛法连屁都不如。

到了第七天，跑着跑着撞着了柱子，怪了，原来如此，头也不觉得痛，傻傻地笑了起来，腰杆挺直了，悠哉悠哉的。雍正看到了，要侍下钟鼓齐鸣，欢迎这位新生的活佛。

天慧碰到柱子，恍然一拨，万里无云，就和米博士看到的外层空间一样，清澈明亮，他傻傻地笑了起来，和米博士当时涌出的亲切没有两样。开悟、见性的人有两种情况，一种是如痴如醉，分不清眼前的一切，醺醺然的。第二种是无缘大慈，自他不二，没有什么你、我、他的分别意识，你苦，我也苦，你乐，我也乐，直心是道场。

他们老是放下、放下，那是不懂禅的人的空无捞摸，禅宗要人在空无捞摸处捞摸。台面上讲经说法的禅师没有米博士的真切与深度；绝对不可以怀宝迷邦，过来、过去问主翁。

这只是禅的起点，还得再努力，六祖惠能祖师大悟偈："菩提自性，本来清净……菩提自性，能生万法。"说的是生命的源头。后来康熙朝的玉琳和尚也说了一句话，"向天地未成，人物未立，自己身心亦无之前，一回证自广大性体，方知自性本自清净，本自具足，本自不生灭"，很有启发性。密教讲无上瑜伽，这是无上密，大瑜伽，就是禅，法身的大联合。大家也不知道什么是大手印、大圆满，绕着身口意猜。它就是直指人心的教外别传。

宇宙与生命

——与米契尔博士谈见性（五）

计算机的运用可以帮助唯识学做深一层的说明，第八识又称阿赖耶识，等于计算机 CPU，第六识是程序，运用前五识（眼耳鼻舌身）的种种反应或对照，化为程序储存在计算机主机中。运用计算机的人，将必要的程序调出来操作，以获得相关的信息；或将它消除，更改后重新储存，这就是第七识，又称末那耶识。

第六、七、八识合称心识。人类的心识比较健全，不但有本能、感情，也有理智与理性，因此才有宗教问题的产生。我们再以投资股票为例：第六识将有关股票的信息收集后，就储存在第八识；有一天，你决定投资股票，会把这些信息拿来分析，决定是投资哪种股本，资金多大等，一旦有了结果，顺利则高兴，失利则失意，高兴或失意都是第七识的事；但第六识与第八识，只能无可奈何地承担结果，因为这三种识都是"你"。

佛教唯识学有个结论，第七识为生死根，第六识为作业本，第八识只能傻傻地承担这些结果——轮回。

一个人死了，第六识与前五识都消灭了，因为没有"人"体再去造业了。第七识就是灵魂，带着第八识走，走到阎罗王门前，算个总账，决定了投胎的对象。

第八识虽然傻傻的，但有如明镜般的明亮，不生不灭、不垢不净，为一切智的源头活水。垢净依照业绩，所以说"万般将不去，唯有业随身"，业识是难兄难弟，形影不离，谁是罪魁？是第七识；谁是罪薮？第六识。

说修行或修炼，要修什么？当然要修的是第六识与第七识。第六识到处收集资料，眼睛像照相机，耳朵像录音机，鼻子到处嗅什么好吃，这不是老子所说的"五色令人目盲"的贬斥吗？凡事都关心，凡事都扰心。

收集也罢了，人类不到处随时收集资料，会觉得无聊、无奈，甚至发狂，闷久了精神不振，错乱了，于是升起做什么事的念头。这是第七识啊！人生总总的建设都是第七识拿起大旗的，要成为王永庆？成为《壹周刊》的老板？就是第七识当了大阿哥。所以六祖才说："五、八、六、七果因转，但用名言无实性。"六、七两识是因，五、八两识是果。

怎么转？"平等性智心无病"，第七识将一切转为平等。一切声平等、一切色平等，消除了分别心，人人即我，我即人人，获得了"平等性智"，达臻无我，哪有什么是非对错？第七识就称为平等性智。

再来就是"妙观察智见非功"，第六识收集资料，过活人生，要认清本分，以尽责任义务为内容，不做妄外之想。科学家就是科学家，医生就是医生，清洁工就是清洁工，出家人就是出家人，安分守己，不贪功、不躐等，"素夷狄行乎夷狄"，这样，第六识就是"妙观察智"了。

这两个一转，第八识恢复到本来无一物，廓然大公，当然是"大圆镜智性清净"，前五识本来就是工具，现在当家的主人（第六、七识）有智慧了，所命所令都合乎常规、常理，就称为"成所作智"，干干净净，又回归到"大圆镜智"了。这样一来，不就是"但用名言无实性"了？所有识都是智了，人也客观了、谦虚了，事如春梦了无痕，才是真潇洒、真自由！

我们再来看法鼓圣严怎么说：

> 人从这一生到了下一生中，只有一样东西存在——第八识……死亡的时候，首先是暖离开，然后是寿，最后才是第八识离开。第八识离开，便是要接受之后的果报。然而，这是指凡夫，圣人则没有第八识，我们修行就是要断第八识。

第八识是明镜台，是生命之源，统称如来藏，这里涵藏着藏识，若能将第七识的业清除干净，就可以回归本有的大圆镜智，享有本来无一物的本地风光，却又生生不息的；不可能去消灭它，消灭它，好比拿着枪自我毙命，不是太可笑吗？接着说：

主持人（叶祖尧教授）：假如不是圣人，像是我们的话，业要如何消解？

师（圣严）：只要将第八识变成智慧，那第八识便不叫"识"，也就不是凡夫，而是圣人、是佛了。要证阿罗汉果或是成佛，必定要修行。然而，有的人需要借由打坐来修行，有的人不打坐也可以修行。

这段话和前段话一比，马上可以看出他的说法不精确。刚才说"修行就是要断第八识""圣人则没有第八识"；现在又说"只要将第八识变成智慧……是圣人、是佛"了，前后矛盾。他根本不知道，依法相宗，第八识转识成智，并没有改变什么啊！我们把第六、七识转为智，第八识自然就恢复到本有的"大圆镜智"，天下太平，百体从令。

识智同一的，智是体，识是用。没有智当然不起用，用不离智，才是圣人、佛菩萨。

再说，打坐与修行有什么关系？修行是修正想念或行为，与打坐有什么相干？不改变思想行为，不净化心灵，怎么转凡成圣？匹夫匹妇都知道这个道理，何必牵扯到打坐是修行？当了师父不追求真理，却专在打坐上把玩身心的游戏，可以吗？这个转是"转处不留情"，不以情识为主体，要以般若为主体，才可能"繁兴永处那伽定"！

在佛教来讲，整个大千世界就是大圆觉海，不是死寂的

193

空，原点就是终点，不断地转"化"，化从空里来，也流向空里去。一切从此法界流出，一切回归此法界，是一部生发不已的觉海。

所谓宇宙是物理学的名词，宇宙由大爆炸产生，这个宇宙是大千世界的一个世界而已，还有无数的宇宙，说生，实际是灭，原点就是起点，也是终点，没有什么原点，就这样"生住坏灭"去！宇宙是现象、是过程、是影像的投射。真实的是一真法界，无限大就是无限小，因此没有定量、没有定域、没有须弥、没有芥子。所谓芥子纳须弥就是法界从此流出；须弥纳芥子，一切汇流此法界；都是大圆觉海的沤发，波即是海，海即是波，互融互摄，互为因果。

米契尔博士说得好：

　　自然界本身只是一个过程和顺序，它不做计量，是我们在计划。因为我们想要知道和了解一个有限的过程，所以才创造出时间作为计量的工具。……我们对时间的计量完全是武断的。如果我们到火星或其他地方去，就会有不同的时间计量标准。

这是世俗的物理概念，到底有没有时间？佛法讲的一真法界，一处真处处真，只是意念产生错觉。《金刚经》说："过去心不可得，现在心不可得，未来心不可得。"呈现的是摩诃般若的正等正觉，彻底的唯心，绝对的意识，那是纯生命。《六祖坛经》："刹那无有生相，刹那无有灭相，更无生灭可灭，是则寂灭现前。"原点就是终点，你说刹那有多长的时间量度？因此，圣严对时间的看法是错的：

> 佛法所说的宇宙，是时间与空间的相加，没有空间就没有时间。所谓时间，是过去、现在、未来；空间则是四方和上下。

难道西方净土是时间和空间的相加吗？时间与空间是器世间的产物，佛法所说的五浊恶世。常寂光世界是时间？空间？两者相加？都不是，唯是光，唯是灵觉。

米契尔可爱的地方是首先没有受佛教的暗示，直从经验中追求生命的本质：

> 量子领域显示出心灵与物质确实是互动的，也开始了解它们是如何互动的。……特别是量子物理的工具，在科学曾经使用的架构内，在探讨心理与精神的领域。

这是正确的。佛教特别是禅，本来就没有名相的累赘，阻碍心灵的开启；禅宗才大胆地要人去参，运用理智排除不智的迷信色彩，绽现心灵的本地风光、本来质朴的本质；禅宗所参证的大圆觉海是可以实证，可以通过实验证明的。这条路才可以解决他的疑问：

> 对我来说，此刻科学的终极挑战是，我们真的不知道生命结束后，能觉知的心识究竟怎么了。我知道死后心识仍然存在，以及轮回转世的观念，也知道它们是很重要的，却也是科学还无法掌握的领域，不过我们愈来愈接近了。

很可惜，心识活动只是生命的运用面向，它不是生命的本质，这一点很难令科学家接受。在佛教，一切都是生命，同质的生命，如果你在台湾带一瓶水回到美国，把这些水倒入自来水里，然后从自来水舀取一瓶水，请问这瓶水是美国的水还是中国台湾的水？如果水是无机物，没有生命，为什么能养活生物？这不该属于物理、化学的范畴吧！

这种回归和体验的真实才是"智慧"，就是"摩诃般若"。教界解释错了，以为此"智慧"是我们通常讲的智慧。大宇宙、大生命还需要人类自产的"智慧"吗？那么大宇宙、大生命不就人类化了吗？

这个智慧是大圆镜智，从大圆觉海本体中产生出来的心智活动，一个是用，一个是体，但无体不能用，而用又彰显体，是生命的一种辉煌的运动。

佛教的世界是多重的世界，是运用现代的语言或逻辑无法推演的。因为生命是永恒的，因果才有可能成立。我们很欣赏米契尔下面的话：

　　　　量子非定域性的整个过程显示，量子的信号确实比光速走得更快。虽然那是模糊不清的领域，不过，量子非定域性已经在实验室被再三地证明，所以是个正确的概念，表示这些量子关系是瞬间性的。非定域性的理论，意味着在一个无限的空间瞬间出没，然而我们还不能确实地说就是如此。

生命的探讨终于跨前一大步，我们期待聪慧的物理学家、天文学家大胆地尝试，将量子视为类似的生命，不要固守在名相上而展不开悟性。